Mix & Match Cakes

100 ZAUBERHAFTE Kuchenvariationen
GANZ EINFACH SELBST ZUSAMMENSTELLEN

CAROLINE WRIGHT

Impressum
Für die deutsche Ausgabe:
Übersetzung: Christine Schlitt, Worms
Satz: Arnold & Domnick, Leipzig
Covergestaltung: Konstanze Laue
Lektorat: Hanna Schmitz, Waldbreitbach; Angela Vornefeld
Produktmanagement: Mirjam Schilling
Druck und Bindung: Livonia Print SIA, Lettland

Die englische Originalausgabe erschien 2016 unter dem Titel:
CAKE MAGIC: Mix & Match Your Way to 100 Amazing Combinations
Copyright © 2016 by Caroline Wright
Photos copyright © by Waterbury Publications
Published by arrangement with Workman Publishing Company, New York.

Unser Service für Sie: Wenn Sie Fragen zu den Anleitungen in diesem Buch haben, schreiben Sie einfach eine E-Mail an: mail@kreativ-service.info. Wir helfen Ihnen gerne weiter.

1. Auflage 2016
© 2016 frechverlag GmbH, Turbinenstraße 7, 70499 Stuttgart
ISBN 978-3-7724-8031-7
Best-Nr. 8031

WIDMUNG

Für Henry, dessen fünftes Wort „Kuchen" war.

DANKSAGUNG

Vielen Dank an meinen Ehemann Garth für seine scheinbar unerschöpfliche Zeit, Energie und Freude am Probieren, mit der er mich bei diesem Projekt unterstützt hat. Besonders möchte ich auch Katie Wilson danken, dass sie die Rezepte so sorgfältig geprüft hat.

INHALT

EINFÜHRUNG

Meine Freunde können bestätigen, dass ich zu einer speziellen Sorte von Kuchenbäckern gehöre. Wenn der Geburtstag eines Freundes ansteht, versuche ich durch beiläufige Fragen (häufig auch unter Einfluss von Wein) herauszufinden, was sein oder ihr Lieblingskuchen ist. An dem großen Tag schmuggle ich dann einen selbstgebackenen Kuchen in eine überfüllte Kneipe, klemme ihn mir in der U-Bahn unter den Arm oder lege ihn vor einer Haustür ab – egal wie, der Freund bekommt ein Überraschungsgeschenk, nimmt es mit großen Augen entgegen und kann sich an meine heimlichen Fragen Monate zuvor kaum noch erinnern.

Mein detektivischer Spürsinn entspringt der Überzeugung, dass ein Zauber darin liegt, den perfekten Kuchen zu backen. Vor allem, wenn es eine neue Kreation mit einem ganz unerwarteten Geschmackserlebnis ist, die zum Lieblingskuchen wird. Diesen Zauber – und die Freude, jemandem einen ganz persönlichen Kuchen zu backen – möchte ich mit diesem Buch teilen.

Auf den folgenden Seiten finden Sie einfache Rezepte für Kuchen, die gut gelingen, Spaß beim Backen machen und toll zu verschenken sind. Jedes Rezept beginnt mit einer Grundmischung – die Basis für eine Reihe köstlicher Variationen: von Vanille bis Schokolade, Zitrone bis Kokosnuss und vieles mehr. Den noch warmen Kuchenboden mit einem leckeren Sirup (die Geheimwaffe aller Kuchenprofis!) tränken, eins von zwölf kinderleichten Frostings aussuchen und vielleicht noch eine schnelle Deko – so können Sie 100 Kuchenvariationen ganz einfach und kreativ selbst zusammenstellen. Welcher Kuchen am Ende herauskommt, bestimmen Sie.

Kuchen bringt Menschen zusammen. Dieses Buch lässt das Fest jedoch nicht erst beim Essen, sondern bereits in der Küche beginnen. Ich hoffe, dass Ihr nächster Lieblingskuchen auf den folgenden Seiten schon auf Sie wartet.

Caroline

WIE SIE DIESES BUCH VERWENDEN

Bevor Sie die Ärmel hochkrempeln, die Vorratskammer plündern und mit dem Backen loslegen, möchte ich Ihnen kurz erklären, wie Sie mit diesem Buch arbeiten.

Auf den meisten Seiten finden Sie keine Rezepte, sondern ein Foto eines Kuchens und einen Hinweis auf die verwendeten Bestandteile: ein Teig + ein Sirup + ein Frosting + (manchmal) eine Dekoration, die dem Kuchen optisch das gewisse Etwas gibt. Die Fotos zeigen, wie vielseitig sich die einzelnen Bestandteile kombinieren lassen. Sobald Sie einen Kuchen gebacken und zusammengestellt haben, wissen Sie, wie es bei den anderen 100 geht. Die Methode ist für jeden Kuchen dieselbe, nur die Geschmacksrichtungen ändern sich. Und so geht's:

1. Suchen Sie sich anhand der Fotos einen Kuchen aus. Notieren Sie sich die jeweiligen Seiten, auf denen Sie die Rezepte für den Teig, den Sirup sowie das Frosting finden.

2. Suchen Sie die Rezepte im hinteren Teil des Buchs. Legen Sie am besten Lesezeichen ein, um die Seiten schneller wiederzufinden.

3. Bereiten Sie die Mix&Match-Grundmischung für den Teig vor
(Seite 142). Sie ist die Basis für jeden Kuchen in diesem Buch.

....

4. Bereiten Sie nun die einzelnen Bestandteile nach den jeweiligen Rezepten zu: einen Kuchenteig, einen Sirup, ein Frosting usw.
Dann fügen Sie alles wie auf Seite 120 beschrieben zusammen.

....

5. Genießen Sie Ihren Kuchen!

GLUTENFREIE UND VEGANE KUCHEN:

Ich möchte, dass alle Kuchenbäcker und Kuchenbäckerinnen mit meinen Rezepten glücklich werden. Und wenn ich „alle" sage, meine ich auch diejenigen, für die Kuchen backen und essen aufgrund einer Glutenunverträglichkeit oder des Verzichts auf tierische Produkte eine gewisse Herausforderung ist. Für sie habe ich eine glutenfreie Mix&Match-Grundmischung entwickelt (Seite 143). Vegane Kuchenbäcker finden Tipps zum Ersetzen einiger Zutaten, die sie für alle Kuchenvariationen in diesem Buch benutzen können. Glutenfreie Rezepte sind mit GF, vegane Rezepte mit V gekennzeichnet. All diese Variationen sind besonders lecker und stehen im Hinblick auf Konsistenz und Geschmack den anderen Rezepten in nichts nach. Sie können Sie mit Sirups, Frostings und Deko kombinieren und genauso wie jeden anderen Kuchen in diesem Buch genießen.

Alle Rezepte können auch für Cupcakes, Napfkuchen oder Blechkuchen verwendet werden. Wie das geht, steht auf den Seiten 120–121.

Vanille- kuchen

Mit bunten Zuckerstreuseln oder Liebesperlen verzieren.

| Konfetti-kuchen (SEITE 144) | + | Vanille-sirup (SEITE 152) | + | Malz-Vanille-Frosting (SEITE 163) | = | KONFETTI-KUCHEN |

kreative Ideen für Haus & Garten

176 S., 21 x 28 cm, HC
ISBN 978-3-7724-**7543**-6
€ (D) 22,99

400 S., 16 x 21 cm, SC
ISBN 978-3-7724-**7514**-6
€ (D) 17,00

320 S., 16 x 21 cm, SC
ISBN 978-3-7724-**7468**-2
€ (D) 17,00

320 S., 16 x 21 cm, SC
ISBN 978-3-7724-**7623**-5
€ (D) 17,00

64 S., 17 x 28 cm, HC
ISBN 978-3-7724-**7638**-9
€ (D) 12,99

64 S., 19 x 25 cm, HC
ISBN 978-3-7724-**7688**-4
€ (D) 12,99

112 S., 22 x 23 cm, SC
ISBN 978-3-7724-**5980**-1
€ (D) 16,99

112 S., 21,9 x 23 cm, SC
ISBN 978-3-7724-**7622**-9
€ (D) 16,99

www.topp-kreativ.de

120 S., 22 x 23,5 cm, HC
ISBN 978-3-7724-**7553**-5
€ (D) 16,99

80 S., 22 x 23,5 cm, HC
ISBN 978-3-7724-**7573**-3
€ (D) 14,99

80 S., 22 x 23,5 cm, HC
ISBN 978-3-7724-**7704**-1
€ (D) 14,99

144 S., 22 x 23,5 cm, HC
ISBN 978-3-7724-**7572**-6
€ (D) 17,99

112 S., 20 x 25 cm, HC
ISBN 978-3-7724-**7593**-1
€ (D) 15,99

224 S., 24 x 29 cm, HC
ISBN 978-3-7724-**7707**-2
€ (D) 29,99

128 S., 22,2 x 22,2 cm, HC
ISBN 978-3-7724-**7621**-1
€ (D) 16,99

144 S., 22 x 29 cm, HC
ISBN 978-3-7724-**5971**-9
€ (D) 19,99

224 S., 21 x 28 cm, HC
ISBN 978-3-7724-**7580**-1
€ (D) 12,99

132 S., 21 x 28 cm, HC
ISBN 978-3-7724-**5930**-6
€ (D) 14,99

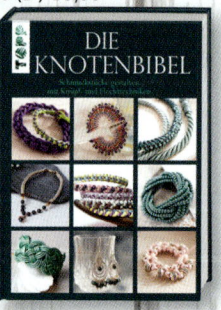

160 S., 22 x 28 cm, HC
ISBN 978-3-7724-**7624**-2
€ (D) 22,99

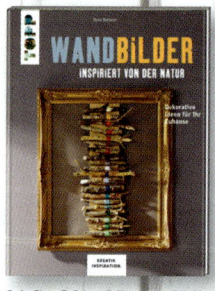

64 S., 20 x 25 cm, HC
ISBN 978-3-7724-**7617**-4
€ (D) 12,99

64 S., 20 x 25 cm, HC
ISBN 978-3-7724-**8015**-7
€ (D) 12,99

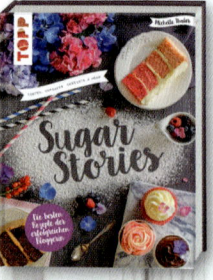

144 S., 20 x 25 cm, HC
ISBN 978-3-7724-**8013**-3
€ (D) 16,99

96 S., 22 x 23,5 cm, HC,
inkl. Notizbuch A6
ISBN 978-3-7724-**8004**-1
€ (D) 15,99

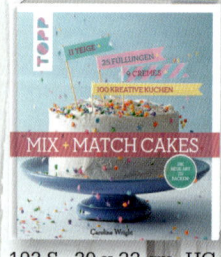

192 S., 20 x 22 cm, HC
ISBN 978-3-7724-**8031**-7
€ (D) 16,99

128 S., 22 x 29 cm, HC
ISBN 978-3-7724-**7653**-2
€ (D) 16,99

160 S., 22 x 29 cm, HC
ISBN 978-3-7724-**7670**-9
€ (D) 12,99

128 S., 20,5 x 26,5 cm, HC
ISBN 978-3-7724-**7669**-3
€ (D) 14,99

144 S., 20,5 x 26,5 cm, HC
ISBN 978-3-7724-**7601**-3
€ (D) 16,99

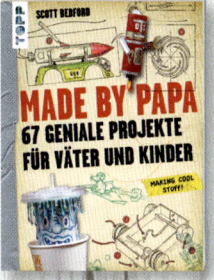

128 S., 20 x 25 cm, HC
ISBN 978-3-7724-**7590**-0
€ (D) 19,99

80 S., 19 x 25 cm, HC
ISBN 978-3-7724-**7672**-3
€ (D) 12,99

128 S., 22 x 29 cm, HC
ISBN 978-3-7724-**7588**-7
€ (D) 17,99

128 S., 20 x 26 cm, HC
ISBN 978-3-7724-**7583**-2
€ (D) 14,99

144 S., 21 x 25 cm, HC
ISBN 978-3-7724-**6469**-0
€ (D) 19,99

320 S., 22 x 29 cm, HC
ISBN 978-3-7724-**6453**-9
€ (D) 29,99

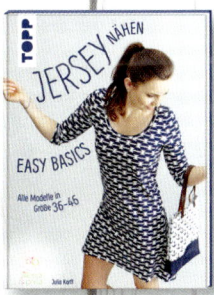

112 S., 22 x 29 cm, HC
ISBN 978-3-7724-**6467**-6
€ (D) 16,99

112 S., 22 x 24 cm, HC
ISBN 978-3-7724-**6402**-7
€ (D) 16,99

352 S., 22 x 29 cm, HC
ISBN 978-3-7724-**6388**-4
€ (D) 29,99

352 S., 22 x 29 cm, HC
ISBN 978-3-7724-**6399**-0
€ (D) 29,99

352 S., 22 x 29 cm, HC
ISBN 978-3-7724-**6366**-2
€ (D) 29,99

320 S., 16 x 21 cm, SC
ISBN 978-3-7724-**6455**-3
€ (D) 17,00

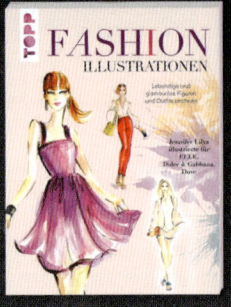
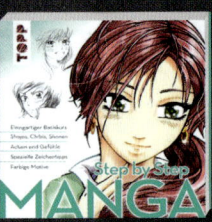

96 Seiten, 21,9 x 23 cm, SC
ISBN 978-3-7724-**6217**-7
€ (D) 15,99

176 Seiten, 22 x 26 cm, HC
mit 3 Tafelflächen z. Üben
ISBN 978-3-7724-**8234**-2
€ (D) 22,00

128 S., 21 x 27,6 cm, SC
ISBN 978-3-7724-**6192**-7
€ (D) 16,99

160 S., 21,9 x 23, HC
ISBN 978-3-7724-**8206**-9
€ (D) 14,99

240 S., 23,6 x 31,2 cm, HC
ISBN 978-3-7724-**8250**-2
€ (D) 16,99

240 S., 23,6 x 31,2 cm, HC
ISBN 978-3-7724-**8250**-2
€ (D) 16,99

224 S., 23,6 x 31,2 cm, HC
ISBN 978-3-7724-**8253**-3
€ (D) 14,99

192 S., 23,6 x 31,2 cm, HC
ISBN 978-3-7724-**8255**-7
€ (D) 14,99

456 S., 19 x 19 cm, SC
ISBN 978-3-7724-**8235**-9
€ (D) 14,99

96 S., 24 x 24 cm, SC
ISBN 978-3-7724-**8241**-0
€ (D) 11,99

64 S., 26,5 x 37, SC
ISBN 978-3-7724-**8243**-4
€ (D) 12,99

126 S., 19,7 x 25,2 cm, SC
ISBN 978-3-7724-**8216**-8
€ (D) 14,99

www.topp-kreativ.de

Shortbread-Streusel (Seite 179) zwischen den Böden und als Deko verteilen.

Vanillekuchen
(SEITE 144)

+

Sahne-sirup
(SEITE 153)

+

Malz-Vanille-Frosting
(SEITE 163)

=

SAHNE-KUCHEN

Mit Schokokeks-Streuseln (Seite 179) verzieren. Bei Torten die Streusel auch zwischen die Böden geben.

②

Mit frischen Brombeeren ver-zieren und/oder mit Puderzucker bestäuben.

Vanillekuchen
(SEITE 144)

+

Sahne-sirup
(SEITE 153)

+

Malz-Vanille-Frosting
(SEITE 163)

=

COOKIES-AND-CREAM-KUCHEN ①

Das Frosting mit 125 ml Salzkaramell marmorieren (Seite 137) und mit Mandelsplittern verzieren.

③

Buttermilch-kuchen (SEITE 144) + **Brombeer-sirup** (SEITE 154) + **Frischkäse-Frosting** (SEITE 164) = **BROMBEER-BUTTERMILCH-KUCHEN** ②

Vanille-Zimt-Kuchen (SEITE 144) + **Sahne-sirup** (SEITE 153) + **Salzkaramell-Frosting** (SEITE 165) = **MANDEL-KARAMELL-KUCHEN** ③

Die Böden mit Kirschkonfitüre oder -gelee bestreichen und den fertigen Kuchen mit frischen Kirschen verzieren. Bei Napf- und Blechkuchen oder Cupcakes die Konfitüre erwärmen und auf das Frosting geben.

Vanillekuchen
(SEITE 144)

+

Kirsch-sirup
(SEITE 154)

+

Zartbitter-schokoladen-Frosting
(SEITE 166)

=

VANILLE-SCHOKO-KUCHEN MIT KIRSCHEN

Ananas-
kopfüber-
Kuchen
(SEITE 144)

+

Rumsirup
(SEITE 155)

+

Salz-
karamell-
Frosting
(SEITE 165)

=

ANANASKUCHEN
MIT KARAMELL

Vanillekuchen (SEITE 144) + **Sahne-Karamell-Sirup** (SEITE 153) + **Salzkaramell-Frosting** (SEITE 165) = **SAHNE-KARAMELL-KUCHEN**

Das Frosting mit 125 ml Salzkaramell marmorieren (Seite 137).

Nach Wunsch mit Pekan-nüssen in Sirup (Seite 177) verzieren.

Vanillekuchen
(SEITE 144)   **+**   **Rumsirup mit Butter**
(SEITE 155)   **+**   **Zartbitter-schokoladen-Frosting**
(SEITE 166)   **=**   RUM-BUTTER-KUCHEN MIT SCHOKO-FROSTING

Frische Beeren zwischen die Böden und auf den fertigen Kuchen geben.

Vanillekuchen
(SEITE 144)   **+**   **Whiskey-Beeren-Sirup**
(SEITE 154)   **+**   **Malz-Vanille-Frosting**
(SEITE 163)   **=**   **BEERENKUCHEN MIT SCHUSS**

Mit Streuseln verzieren.

Vanillekuchen
(SEITE 144)

+

Vanillesirup
(SEITE 152)

+

**Zartbitter-
schokoladen-
Frosting**
(SEITE 166)

=

SCHOKOLADIGER
GEBURTSTAGS-
KUCHEN

Gedünstete Äpfel (Seite 174) zwischen die Böden geben und den fertigen Kuchen mit 2 EL Apfelkraut (Apfelsirup) bestreichen.

Vanillekuchen (SEITE 144) **+** **Apfel-Zimt-Sirup** (SEITE 156) **+** **Frischkäse-Frosting** (SEITE 164) **=** HERZHAFTER APFEL-ZIMT-KUCHEN

Vanillekuchen
(SEITE 144)   **+**   **Sahne-Wodka-Sirup**
(SEITE 153)   **+**   **Malz-Vanille-Frosting**
(SEITE 163)   **=**   RUSSISCHER VANILLEKUCHEN

Mit Rosmarinzucker
(Seite 180) und kandier-
tem Rosmarin (Seite 157)
verzieren.

**Vanille-Oliven-
öl-Kuchen**
(SEITE 144)

+

**Rosmarin-
sirup**
(SEITE 157)

+

**Zitronen-
pudding-
Frosting**
(SEITE 167)

=

VANILLE-OLIVENÖL-KUCHEN MIT ROSMARIN UND ZITRONE

Für die Deko dünne Pfirsichscheiben mit warmer Aprikosenkonfitüre mischen. Bei der Torten-Variante die Pfirsichscheiben ohne Konfitüre zwischen den Tortenböden verteilen.

Vanillekuchen
(SEITE 144)

+

Pfirsichsirup
(SEITE 154)

+

Frischkäse-Frosting
(SFITE 164)

=

CREMIGER PFIRSICHKUCHEN

schokoladenkuchen

Nach Wunsch mit
Zartbitterschokoladen-
Frosting (Seite 166)
verzieren.

**Dunkler Schoko-
ladenkuchen**
(SEITE 145)

+

**Schokoladen-
sirup**
(SEITE 152)

+

**Zartbitter-
schokoladen-
Frosting**
(SEITE 166)

=

SAFTIGER
SCHOKOLADEN-
KUCHEN

Ingwerkeks-Streusel (Seite 179) zwischen die Böden und als Deko auf den Kuchen geben. Mit einigen Esslöffeln Honig verzieren.

**Dunkler Schoko-
ladenkuchen**
(SEITE 145)

+

**Zimt-
Ingwer-
Sirup**
(SEITE 158)

+

**Honig-
Frosting**
(SEITE 168)

=

**SCHOKO-
INGWER-
KUCHEN**

Kleingeschnittene Karamell-Schoko-riegel auf der Creme verteilen, bei der Torten-Variante zwischen die Böden geben.

Dunkler Schoko-ladenkuchen
(SEITE 145)

+

Sahne-Karamell-Sirup
(SEITE 153)

+

Malz-Schoko-Frosting
(SEITE 169)

=

SCHOKO-KARAMELL-KUCHEN

Nach Wunsch mit Puderzucker bestäuben.

Dunkler Schoko-ladenkuchen (SEITE 145) + **Teesirup** (SEITE 159) + **Zitronen-pudding-Frosting** (SEITE 167) = SCHOKOLADEN-KUCHEN MIT TEE UND ZITRONE

Mit gehackten Schoko-Minz-Keksen und frischen Minzeblättern verzieren.

Dunkler Schoko-ladenkuchen (SEITE 145) **+** **Minz-sirup** (SEITE 157) **+** **Zartbitter-schokoladen-Frosting** (SEITE 166) **=** SCHOKO-MINZ-KUCHEN

Mit Schokoröllchen (Seite 178) verzieren.

Dunkler Schoko-ladenkuchen (SEITE 145) **+** **Bourbon-Sirup** (SEITE 155) **+** **Frischkäse-Frosting** (SEITE 164) **=** **SCHWARZ-WEISSER HERRENKUCHEN**

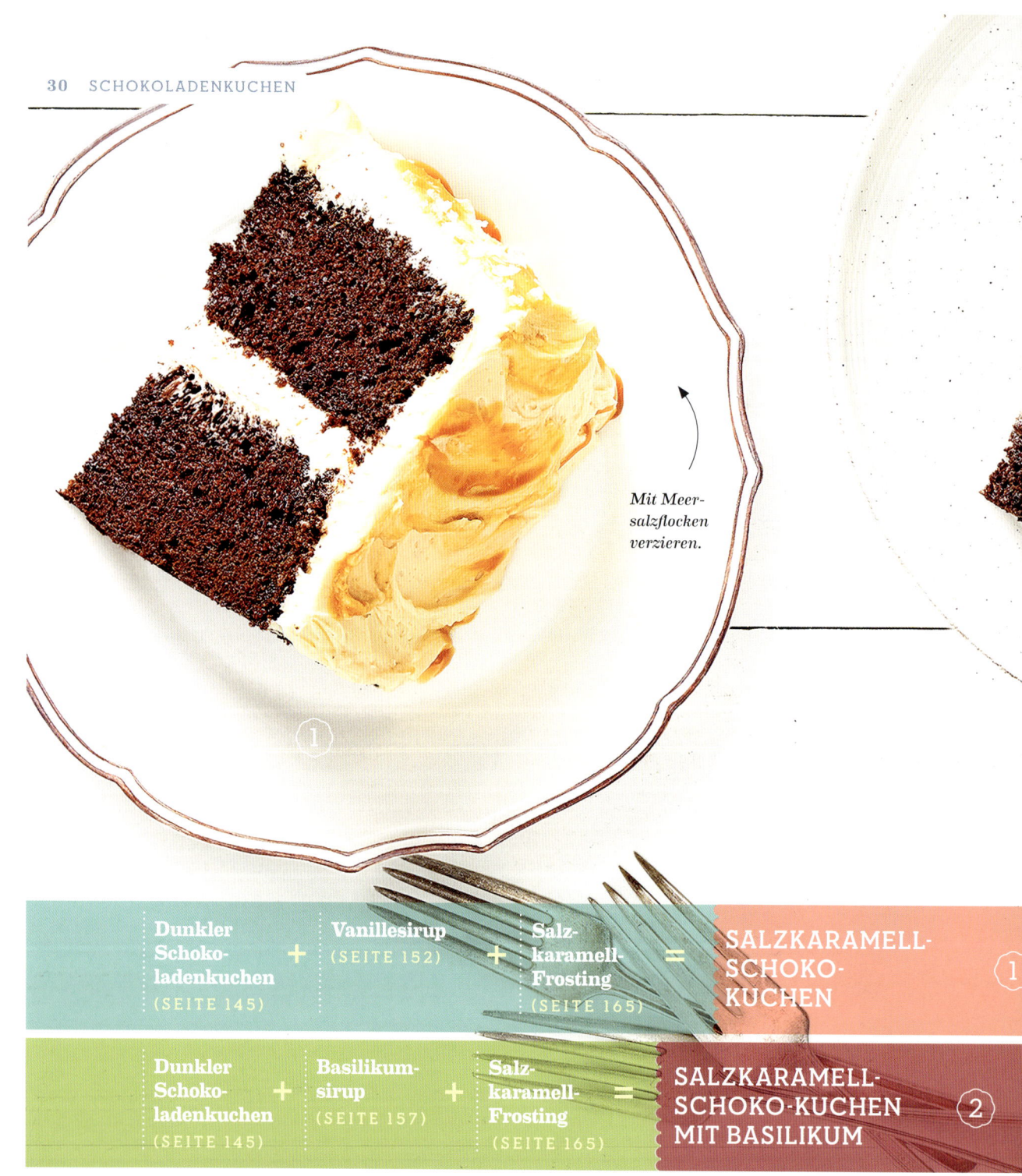

Mit Meer-salzflocken verzieren.

①

| Dunkler Schoko-ladenkuchen (SEITE 145) | **+** | Vanillesirup (SEITE 152) | **+** | Salz-karamell-Frosting (SEITE 165) | **=** | SALZKARAMELL-SCHOKO-KUCHEN ① |
| Dunkler Schoko-ladenkuchen (SEITE 145) | **+** | Basilikum-sirup (SEITE 157) | **+** | Salz-karamell-Frosting (SEITE 165) | **=** | SALZKARAMELL-SCHOKO-KUCHEN MIT BASILIKUM ② |

Mit Basilikumzucker (Seite 180) bestreuen.

Mit Orangen-zesten verzieren.

| Dunkler Schoko-ladenkuchen (SEITE 145) | + | Orangen-sirup (SEITE 159) | + | Salz-karamell-Frosting (SEITE 165) | = | SCHOKO-ORANGEN-KUCHEN MIT KARAMELL-FROSTING |

Mit Haselnüssen in Sirup (Seite 177) verzieren. Für einen Napfkuchen die Blechkuchen-Frosting-Variante oder die Glasur von Seite 162 verwenden.

Dunkler Schoko-ladenkuchen (SEITE 145) **+** **Sahne-Kakao-Sirup** (SEITE 153) **+** **Nuss-Nougat-Frosting** (SEITE 162) **=** **SCHOKO-HASELNUSS-KUCHEN**

250–300 g Kokosflocken oder -raspeln zwischen die Böden und auf das Frosting geben.

Dunkler Schoko-ladenkuchen (SEITE 145) **+** **Kokos-sirup** (SEITE 160) **+** **Malz-Vanille-Frosting** (SEITE 163) **=** **DUNKLER KOKOSKUCHEN**

*Mit einigen Esslöffeln
Rotweinsirup beträufeln.*

**Dunkler Schoko-
ladenkuchen**
(SEITE 145)

+

**Rotwein-
sirup mit
Gewürzen**
(SEITE 158)

+

**Zartbitter-
schokoladen-
Frosting**
(SEITE 166)

=

ROTWEIN-
SCHOKO-KUCHEN

*Einige Esslöffel Colasirup auf
das Frosting träufeln oder mit
dem Kuchen servieren.*

**Dunkler Schoko-
ladenkuchen**
(SEITE 145)

+

Colasirup
(SEITE 156)

+

**Malz-
Vanille-
Frosting**
(SEITE 163)

=

**SCHOKO·COLA·
KUCHEN**

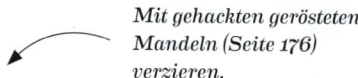

Mit gehackten gerösteten Mandeln (Seite 176) verzieren.

| Dunkler Schoko-ladenkuchen (SEITE 145) | + | Chili-sirup (SEITE 158) | + | Malz-Schoko-Frosting (SEITE 169) | = | SCHARFER CHILI-SCHOKO-KUCHEN |

Gedünstete Birnen (Seite 174) zwischen die Böden geben. Für die Deko Schokolade auf das Frosting raspeln.

Dunkler Schoko-ladenkuchen (SEITE 145) **+** **Birnensirup** (SEITE 154) **+** **Frischkäse-Frosting** (SEITE 164) **=** SCHOKO-BIRNEN-KUCHEN

Zitrus-kuchen

Zwei Handvoll Himbeeren zerdrücken und unter das Frosting heben.

Zitronenkuchen
(SEITE 146)

+

Beeren-sirup
(SEITE 154)

+

Malz-Vanille-Frosting
(SEITE 163)

=

SOMMERLICHER ZITRONENKUCHEN

③

*8 EL Teesirup auf
das Frosting träu-
feln. Mit Zitronen-
zesten garnieren.*

*8 EL Blaubeerkonfitüre
unter das Frosting heben.*

②

| **Zitronen-Ricotta-Kuchen** (SEITE 146) | + | **Blaubeer-sirup** (SEITE 154) | + | **Frischkäse-Frosting** (SEITE 164) | = | **ZITRONEN-RICOTTA-KUCHEN MIT BLAUBEEREN** | ② |

| **Zitronenkuchen** (SEITE 146) | + | **Teesirup** (SEITE 159) | + | **Malz-Vanille-Frosting** (SEITE 163) | = | **EISTEE-KUCHEN** | ③ |

15 EL Orangen-
marmelade zwischen
die Böden streichen
und 8 EL unter das
Frosting heben.

Orangen-
kuchen
(SEITE 146) + Kardamom-
sirup
(SEITE 158) + Honig-
Frosting
(SEITE 168) = ORANGEN-KARDAMOM-
KUCHEN MIT HONIG-
FROSTING

500 g Erdbeeren in warmer Aprikosenkonfitüre schwenken und den Kuchen damit verzieren.

Zitronenkuchen
(SEITE 146)

+

Erdbeersirup
(SEITE 154)

+

ErdbeerFrosting
(SEITE 170)

=

ERDBEERZITRONEN-KUCHEN

Zitronen-kuchen (SEITE 146) + **Zitronensirup** (SEITE 159) + **Zitronenpudding-Frosting** (SEITE 167) = ZITRONEN-TRAUM-KUCHEN

Shortbread-Streusel (Seite 179) zwischen die Böden und auf den fertigen Kuchen geben.

Zitronen-Mohn-Kuchen (SEITE 146) **+** **Teesirup** (SEITE 159) **+** **Zitronenpudding-Frosting** (SEITE 167) **=** **TEATIME-KUCHEN**

Karamellisierte Grapefruit (Seite 175) zwischen die Böden und auf den fertigen Kuchen geben.

Grapefruit-Kuchen (SEITE 146) + **Zimtsirup** (SEITE 158) + **Frischkäse-Frosting** (SEITE 164) = GRAPEFRUIT-ZIMT-KUCHEN

Mit Orangen-, Zitronen- und Limonenzesten verzieren.

Limonen-kuchen
(SEITE 146)

+

Orangensirup
(SEITE 159)

+

Zitronenpudding-Frosting
(SEITE 167)

=

ZITRUSTRIO-KUCHEN

*Mit Zitronenzesten und gehacktem,
kandiertem Ingwer verzieren.*

**Zitronen-
kuchen**
(SEITE 146)

+

Ingwersirup
(SEITE 158)

+

**Zartbitter-
schokoladen-
Frosting**
(SEITE 166)

=

INGWER-ZITRONEN-
KUCHEN MIT
SCHOKO-FROSTING

10–15 EL Zitronenpudding zwischen die Böden streichen. Die Kuchen-stücke nach Wunsch mit flüssigem Honig beträufeln.

| Zitronen-kuchen (SEITE 146) | + | Rumsirup mit Butter (SEITE 155) | + | Honig-Frosting (SEITE 168) | = | ZITRONEN-RUM-KUCHEN MIT HONIG |

Mit Basilikumzucker (Seite 180) verzieren.

Zitronen-kuchen (SEITE 146) **+** **Basilikum-sirup** (SEITE 157) **+** **Frischkäse-Frosting** (SEITE 164) **=** CREMIGER ZITRONEN-BASILIKUM-KUCHEN

Brown-sugar-kuchen *

Mit frischen Kirschen verzieren.

Nusskuchen (SEITE 147) **+** **Kirschsirup** (SEITE 154) **+** **Frischkäse-Frosting** (SEITE 164) **=** CREMIGER KIRSCH-WALNUSS-KUCHEN

8 EL Spekulatiuscreme unter das Frosting heben (Seite 137). Shortbread-Streusel (Seite 179) zwischen die Böden und auf den fertigen Kuchen geben.

Brown-Sugar-Kuchen
(SEITE 147)

+

Gewürzsirup
(SEITE 158)

+

Cookie-Butter-Frosting
(SEITE 163)

=

COOKIE-BUTTER-KUCHEN

Die Ränder mit Schoko-tropfen verzieren.

Chocolate-Chip-Kuchen (SEITE 147) **+** **Sahnesirup** (SEITE 153) **+** **Malz-Vanille-Frosting** (SEITE 163) **=** CHOCOLATE-CHIP-KUCHEN

Mit kandiertem Bacon (Seite 161) verzieren.

Brown-Sugar-Kuchen (SEITE 147) **+** **Bacon-Ahorn-Sirup** (SEITE 161) **+** **Zartbitter-schokoladen-Frosting** (SEITE 166) **=** **BACON-AHORNSIRUP-KUCHEN MIT SCHOKO-FROSTING**

Graham-Cracker-Streusel (Seite 179) zwischen die Böden geben und die Ränder damit verzieren. Mit gerösteten Marshmallows (Seite 177) garnieren.

Brown-Sugar-Kuchen (SEITE 147) + **Vanillesirup** (SEITE 152) + **Zartbitterschokoladen-Frosting** (SEITE 166) = S'MORES-KUCHEN

*Mit gehackten,
gerösteten Walnüssen
(Seite 176) verzieren.*

**Brown-Sugar-
Kuchen**
(SEITE 147)

+

Ingwersirup
(SEITE 158)

+

**Honig-
Frosting**
(SEITE 168)

=

HONIG-WALNUSS-
KUCHEN MIT
INGWERSIRUP

Zimt-Rosinen-
Kuchen
(SEITE 147)

+

**Rumsirup
mit Butter**
(SEITE 155)

+

**Malz-Vanille-
Frosting**
(SEITE 163)

=

RUM-ROSINEN-
KUCHEN

Mit grobem Zimtzucker (Seite 180) bestreuen.

Zimtkuchen (SEITE 147) **+** **Zimtsirup** (SEITE 158) **+** **Zartbitter-schokoladen-Frosting** (SEITE 166) **=** **ZIMTKUCHEN MIT SCHOKO-FROSTING**

8 EL Salzkaramell unter das Frosting heben (Seite 137).

Brown-Sugar-Kuchen (SEITE 147) + **Scotch-Sirup mit Butter** (SEITE 155) + **Salzkaramell-Frosting** (SEITE 165) = **BUTTERSCOTCH-KUCHEN**

Mit Pekannüssen in Sirup (Seite 177) verzieren.

②

①

Brown-Sugar-Kuchen		Ahornsirup mit Gewürzen		Frischkäse-Frosting		PEKANNUSS-AHORNSIRUP-KUCHEN ①
(SEITE 147)	+	(SEITE 158)	+	(SEITE 164)	=	

Mit Haferflocken-Streuseln (Seite 179) verzieren.

Mit gerösteten Pinien-kernen oder Mandelsplit-tern (Seite 176) verzieren.

③

| **Brown-Sugar-Kuchen** (SEITE 147) | + | **Ahornsirup** (SEITE 152) | + | **Malz-Vanille-Frosting** (SEITE 163) | = | AHORNSIRUP-VANILLE-KUCHEN | ② |
| **Brauner Butterkuchen** (SEITE 147) | + | **Gewürzsirup** (SEITE 158) | + | **Malz-Vanille-Frosting** (SEITE 163) | = | SAFTIGER GEWÜRZKUCHEN | ③ |

Mit klein gehackten Karamell-Schokoriegeln verzieren.

Brown-Sugar-Kuchen		Sahne-Karamell-Sirup		Malz-Schoko-Frosting			TOFFEE-KUCHEN
(SEITE 147)	+	(SEITE 153)	+	(SEITE 169)	=		

Earl Grey

*10–15 EL Zitronenpudding
(Seite 173) oder fertigen
Lemon Curd zwischen die
Böden streichen. Mit Zitro-
nenzesten verzieren.*

Brown-Sugar-Kuchen
(SEITE 147)

+

Teesirup
(SEITE 159)

+

Frischkäse-Frosting
(SEITE 164)

=

FIVE-O'CLOCK-TEA-KUCHEN

früchtekuchen

Die Ränder mit gerösteten Kokosraspeln (Seite 176) verzieren.

Karottenkuchen (SEITE 148) + **Kokossirup** (SEITE 160) + **Frischkäse-Frosting** (SEITE 164) = **KAROTTEN-KOKOS-KUCHEN**

Den fertigen Kuchen mit 8 EL Ahornsirup beträufeln.

Bananen-kuchen (SEITE 148) + **Ahornsirup** (SEITE 152) + **Malz-Vanille-Frosting** (SEITE 163) = BANANEN-AHORN-SIRUP-KUCHEN

Mit Walnüssen in Sirup verzieren (Seite 177).

Apfelkuchen (SEITE 148)	+	**Gewürzsirup** (SEITE 158)	+	**Honig-Frosting** (SEITE 168)	=	**APFEL-HONIG-KUCHEN** ①

Apfelkuchen (SEITE 148)	+	**Gewürzsirup** (SEITE 158)	+	**Honig-Frosting** (SEITE 168)	=	**APFEL-HONIG-KUCHEN** ①
Apfel-Cider-Kuchen (SEITE 148)	+	**Cider-Sirup** (SEITE 156)	+	**Malz-Vanille-Frosting** (SEITE 163)	=	**APFEL-CIDER-KUCHEN** ②

Das Frosting mit 8 EL Apfelkraut (Apfelsirup) bestreichen.

Kürbiskuchen
(SEITE 148)

+

Gewürzsirup
(SEITE 158)

+

Zartbitter-schokoladen-Frosting
(SEITE 166)

=

KÜRBIS-SCHOKO-KUCHEN

Mit Thymianzucker (Seite 180) verzieren.

Zucchini-kuchen (SEITE 148) **+** **Thymian-sirup** (SEITE 157) **+** **Zitronen-pudding-Frosting** (SEITE 167) **=** ZUCCHINI-THYMIAN-KUCHEN MIT ZITRONEN-PUDDING-FROSTING

Mit zerkrümelten Ingwer-keksen verzieren.

Kürbis-kuchen (SEITE 148)   +   **Ingwersirup** (SEITE 158)   +   **Frischkäse-Frosting** (SEITE 164)   =

KÜRBIS-INGWER-KUCHEN MIT FRISCHKÄSE-FROSTING

*Für die Deko frische Blau-
beeren mit warmer Apriko-
senkonfitüre vermischen
und auf den Kuchen geben.*

Blaubeerkuchen
(SEITE 148) **+** **Vanillesirup**
(SEITE 152) **+** **Frischkäse-
Frosting**
(SEITE 164) **=** **CREMIGER
BLAUBEERKUCHEN**

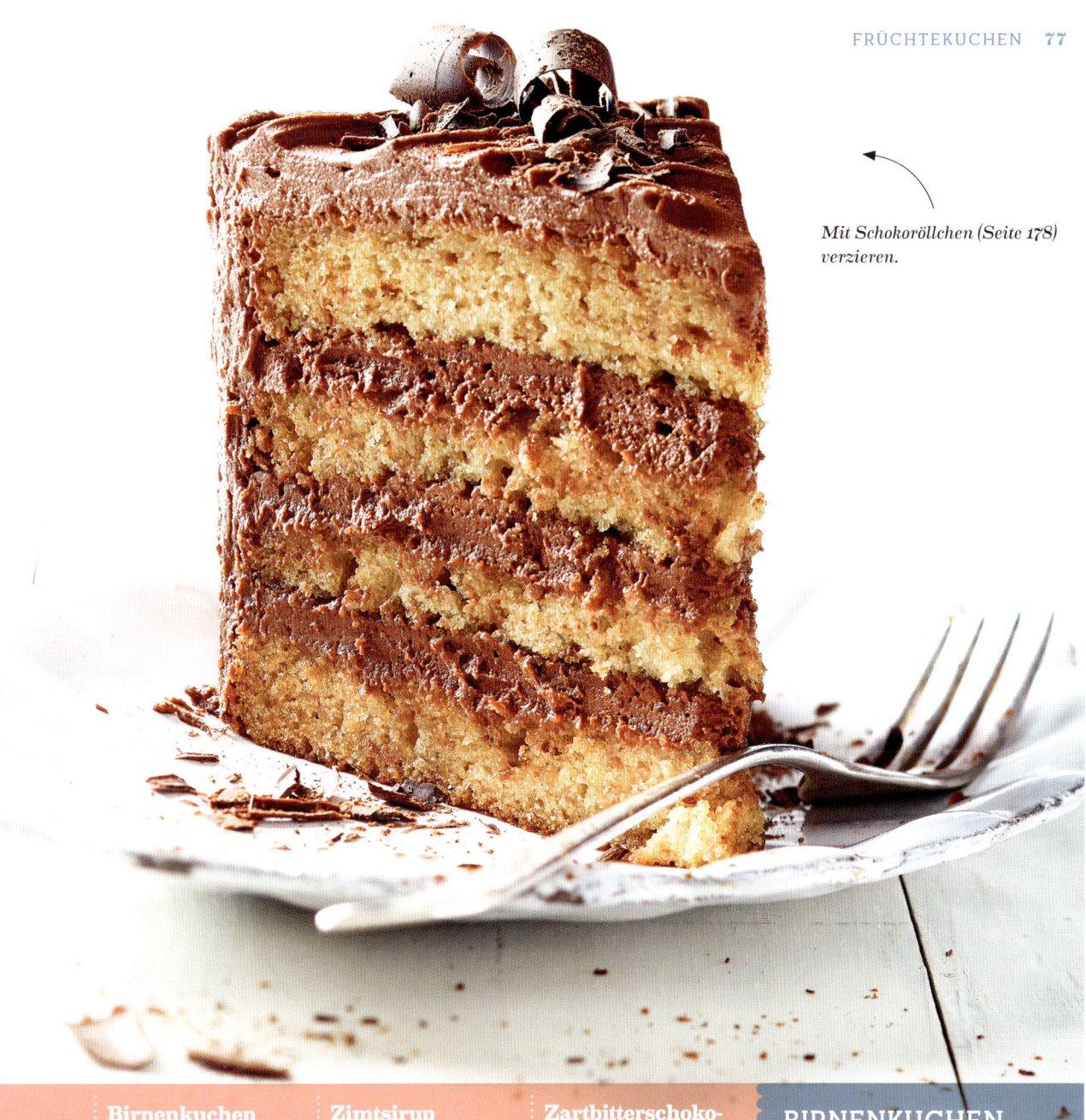

Mit Schokoröllchen (Seite 178) verzieren.

Birnenkuchen
(SEITE 148)   **+**   **Zimtsirup**
(SEITE 158)   **+**   **Zartbitterschoko-laden-Frosting**
(SEITE 166)   **=**   BIRNENKUCHEN MIT SCHOKO-FROSTING

Das Frosting mit 8 EL Birnenhonig (Birnenkraut) oder Apfelkraut (Apfelsirup) bestreichen.

Birnenkuchen
(SEITE 148)   **+**   **Gewürzsirup**
(SEITE 158)   **+**   **Honig-Frosting**
(SEITE 168)   **=**   CHAI-BIRNEN-KUCHEN MIT HONIG-FROSTING

Apfelkuchen (SEITE 148) + Sahne-Karamell-Sirup (SEITE 153) + Salzkaramell-Frosting (SEITE 165) = APFEL-KARAMELL-KUCHEN

Karamellisierte Bananen (Seite 175) zwischen die Böden geben.

Bananen-kuchen (SEITE 148)
+
Sahne-Karamell-Sirup (SEITE 153)
+
Malz-Schoko-Frosting (SEITE 169)
=
KARAMELL-BANANEN-KUCHEN MIT SCHOKO-FROSTING

Mit bunten Zuckerstreuseln oder Limonenzesten verzieren.

Karotten-
kuchen
(SEITE 148)

+

Limonen-
sirup
(SEITE 159)

+

Frischkäse-
Frosting
(SEITE 164)

=

**KAROTTEN-LIMONEN-
KUCHEN MIT FRISCH-
KÄSE-FROSTING**

Nusskuchen

10–15 EL frische Brombeeren zwischen die Böden geben.

Erdnusscreme-kuchen
(SEITE 149)

+

Brombeer-sirup
(SEITE 154)

+

Malz-Vanille-Frosting
(SEITE 163)

=

BROMBEER-VANILLE-CREME-KUCHEN

Die Ränder mit 200 g zerbröselten Salzbrezeln verzieren.

Erdnusscreme-kuchen (SEITE 149) + **Sahne-Karamell-Sirup** (SEITE 153) + **Salzkaramell-Frosting** (SEITE 165) = **ERDNUSSCREMEKUCHEN MIT BREZELN UND SALZ-KARAMELL-FROSTING**

Erdnusscreme-
kuchen
(SEITE 149)

+

Schokoladen-
sirup
(SEITE 152)

+

Malzmilch-
Schoko-
Frosting
(SEITE 169)

=

SCHOKO-ERDNUSS-
CREMEKUCHEN

Mit klein gehackten Erdnussbutter-Pralinen (Peanut Butter Cups) bestreuen.

*Mit kandier-
tem Bacon
(Seite 161)
verzieren.*

| Erdnusscreme-kuchen (SEITE 149) | + | Bacon-Sirup (SEITE 161) | + | Nuss-Nougat-Frosting (SEITE 162) | = | NUSS-NOUGAT-BACON-KUCHEN |

150 g Aprikosenkonfitüre zwischen die Böden streichen. Aprikosenscheiben in warmer Aprikosenkonfitüre schwenken und den Kuchen damit verzieren.

Cashewmus-Kuchen (SEITE 149) **+** **Aprikosen-Kardamom-Sirup** (SEITE 158) **+** **Honig-Frosting** (SEITE 168) **=** **APRIKOSEN-CASHEW-KUCHEN MIT HONIG-FROSTING**

Die Böden mit 150 g Orangen-marmelade bestreichen. Mit Orangenzesten verzieren.

Mandelmus-Kuchen
(SEITE 149)

+

Orangensirup
(SEITE 159)

+

Salzkaramell-Frosting
(SEITE 165)

=

ORANGEN-MANDEL-KUCHEN MIT SALZ-KARAMELL-FROSTING

Mit Zimtzucker (Seite 180) bestreuen.

Den Kuchen mit 350 g Kokosraspeln oder -flocken verzieren.

③

Würziger Mandelmus-Kuchen (SEITE 149) + **Zimtsirup** (SEITE 158) + **Honig-Frosting** (SEITE 168) = MANDELKUCHEN MIT ZIMT UND HONIG ②

Mandelmus-Kuchen (SEITE 149) + **Kokossirup** (SEITE 160) + **Zartbitter-schokoladen-Frosting** (SEITE 166) = MANDEL-KOKOS-KUCHEN ③

Mit fein gehackten Pistazien verzieren.

Pistazienkuchen (SEITE 149) + Gewürzsirup (SEITE 158) + Zitronenpudding-Frosting (SEITE 167) = **PISTAZIEN-ZITRONEN-KUCHEN**

Mit karamellisierten Trauben (Seite 175) verzieren.

Würziger Mandelmus-Kuchen (SEITE 149) + **Gewürz-sirup** (SEITE 158) + **Frischkäse-Frosting** (SEITE 164) = **WÜRZIGER MANDELMUS-KUCHEN MIT FRISCH-KÄSE-FROSTING**

Kokoskuchen

150 g Erdbeeren in Scheiben schneiden und zwischen die Böden legen.

Kokoskuchen
(SEITE 150)

+

Erdbeer-sirup
(SEITE 154)

+

Erdbeer-Frosting
(SEITE 170)

=

KOKOSKUCHEN MIT ERDBEER-FROSTING

Mit gerösteten Kokosraspeln (Seite 176) verzieren.

Kokos-
kuchen
(SEITE 150)

+

Sahne-
Karamell-
Sirup
(SEITE 153)

+

Malz-
Schoko-
Frosting
(SEITE 169)

=

KOKOS-KARAMELL-KUCHEN
MIT MALZ-SCHOKO-
FROSTING

Mit geschmolzener weißer Schokolade (Seite 126) beträufeln.

| Kokoskuchen mit weißer Schokolade (SEITE 150) | + | Sahnesirup (SEITE 153) | + | Malz-Vanille-Frosting (SEITE 163) | = | KOKOSKUCHEN MIT WEISSER SCHOKOLADE |

*Nach Wunsch mit Schoko-
tropfen verzieren.*

**Kokoskuchen mit
Schokotropfen**
(SEITE 150)

+

Sahnesirup
(SEITE 153)

+

**Salzkaramell-
Frosting**
(SEITE 165)

=

**SÜSSER
KUCHENTRAUM**

*Mit gerösteten Kokosraspeln
(Seite 176) und Schokoröllchen
(Seite 178) verzieren.*

Kokoskuchen
(SEITE 150)

+

Kokossirup
(SEITE 160)

+

**Zartbitter-
schokoladen-
Frosting**
(SEITE 166)

=

KOKOS-SCHOKO-
KUCHEN

Mit Ingwerzucker (Seite 180)
oder gehacktem, kandiertem
Ingwer verzieren.

| Kokoskuchen (SEITE 150) | + | Rum-Ingwer-Sirup (SEITE 155) | + | Malz-Vanille-Frosting (SEITE 163) | = | KOKOS-INGWER-RUM-KUCHEN |

Zwischen die Böden karamellisierte Mango (Seite 175) geben.

Kokoskuchen
(SEITE 150)
+
Mangosirup
(SEITE 154)
+
Salzkaramell-Frosting
(SEITE 165)
=

MANGO-KOKOS-KUCHEN MIT SALZKARAMELL-FROSTING

*Mit frischen Him-
beeren verzieren und
nach Wunsch 150 g
Himbeeren zwischen
die Böden geben.*

| Kokos-kuchen (SEITE 150) | + | Himbeer-sirup (SEITE 154) | + | Frischkäse-Frosting (SEITE 164) | = | **HIMBEER-KOKOS-KUCHEN MIT FRISCHKÄSE-FROSTING** |

| Würziger Kokos-Pekannuss-Kuchen (SEITE 150) | + | Sahnesirup (SEITE 153) | + | Frischkäse-Frosting (SEITE 164) | = | **ITALIENISCHER SAHNECREME-KUCHEN** |

Geröstete Kokos-
raspeln (Seite 176)
auf dem Frosting
und zwischen den
Böden verteilen.

Die Ränder mit ge-
hackten Pekannüssen
verzieren.

Kokoskuchen
(SEITE 150)   +   **Kokossirup**
(SEITE 160)   +   **Frischkäse-
Frosting**
(SEITE 164)   =   **HIMMLISCHER
KOKOSKUCHEN**   ③

Mokka-kuchen

*Frische Himbeeren zwischen den Böden
verteilen. Mit Zartbitterschokoladen-Glasur
(Seite 178) überziehen.*

Mokkakuchen
(SEITE 151) **+** **Himbeer-
sirup**
(SEITE 154) **+** **Himbeer-
Frosting**
(SEITE 170) **=** HIMBEER-MOKKA-
KUCHEN

Frosting mit 125 ml Sahne-Karamell-Sirup beträufeln.

Mokkakuchen (SEITE 151) + **Sahne-Karamell-Sirup** (SEITE 153) + **Salzkaramell-Frosting** (SEITE 165) = MOKKA-KARAMELL-KUCHEN

Mokkakuchen + Kaffeesirup + Zartbitter-schokoladen-Frosting = **MAROCCHINO-KUCHEN**

(SEITE 15) (SEITE 156) (SEITE 166)

75 g Orangenmarmelade unter das Frosting heben (Seite 137).

Mokkakuchen (SEITE 151) **+** **Orangensirup** (SEITE 159) **+** **Frischkäse-Frosting** (SEITE 164) **=** ORANGEN-MOKKA-KUCHEN MIT FRISCH-KÄSE-FROSTING

Die Ränder oder den ganzen
Kuchen mit ca. 300 g gehackten
Haselnüssen verzieren.

Mokka- kuchen	+	Amaretto- Sirup	+	Nuss-Nougat- Frosting	=	KAFFEE-AMARETTO- KUCHEN
(SEITE 151)		(SEITE 155)		(SEITE 162)		

Mit gehackten schokolierten Espressobohnen verzieren.

| Mokka-kuchen (SEITE 151) | + | Sahnelikör-Sirup (SEITE 155) | + | Malz-Vanille-Frosting (SEITE 163) | = | IRISH-COFFEE-KUCHEN | ① |

| Mokka-kuchen (SEITE 151) | + | Sahnesirup (SEITE 153) | + | Malz-Vanille-Frosting (SEITE 163) | = | LATTE-MACCHIATO-KUCHEN | ② |

Mit Puderzucker bestäuben.

Mit ungesüßtem Kakao und Löffelbiskuit-Streuseln (Seite 179) verzieren.

Mokkakuchen
(SEITE 151)

+

Schokoladen-sirup
(SEITE 152)

+

Malz-Vanille-Frosting
(SEITE 163)

=

TIRAMISU-KUCHEN

③

Mit Zimt-Schoko-
Zucker (Seite 180)
verzieren.

| Mokka-kuchen (SEITE 151) | + | Kaffeesirup mit Zimt (SEITE 156) | + | Frischkäse-Frosting (SEITE 164) | = | KAFFEE-ZIMT-KUCHEN |

*Schokokugeln
mit Milchfüllung
vierteln und auf
dem Frosting
verteilen.*

**Mokka-
kuchen**
(SEITE 151)

+

Stout-Sirup
(SEITE 156)

+

**Malz-Schoko-
Frosting**
(SEITE 169)

=

DUNKLER MALZ-
SCHOKO-KUCHEN

Die Mix&Match-Methode

SO SETZEN SIE DIE MIX&MATCH-KUCHEN ZUSAMMEN

DIE GRUNDFORM DER MIX&MATCH-KUCHEN ist eine Torte mit 20 cm Durchmesser und zwei Böden. (Auf den Seiten 121 und 122 lesen Sie, wie Sie Cupcakes, Napf- oder Blechkuchen oder eine Torte mit vier statt zwei Böden backen.) Und so wird's gemacht:

1. Die Kuchenböden backen. Die Kuchenböden wie im jeweiligen Rezept beschrieben backen. Während der Kuchen im Ofen ist, den Sirup vorbereiten und beiseitestellen.

2. Den Kuchen tränken. Die Böden aus dem Ofen nehmen. Noch in der Form im Abstand von 2–3 cm mit einem Schaschlikspieß oder einem kleinen Messer einstechen. Den Sirup gleichmäßig auf den Kuchenböden verteilen. Die Böden in der Form auf einem Kuchengitter 1–2 Stunden abkühlen und den Sirup einziehen lassen. Aufgeschnittene Böden nehmen den Sirup noch besser auf als eine gebackene Oberfläche. Statt zwei einzelner Böden, können Sie auch einen Kuchen backen und ihn in der Mitte durchschneiden (Seite 122). Dann muss der Kuchen etwas länger im Ofen bleiben.

3. Das Frosting zubereiten. Das Frosting nach Rezept zubereiten. Notieren Sie Ihre Ergänzungen oder Änderungen.

4. Das Frosting verteilen. Die Böden vorsichtig mit einem Messer aus der Form lösen. Eine Tortenplatte mit Backpapier belegen, damit sie sauber bleibt. Anschließend einen Boden daraufsetzen und mit einem Drittel der Buttercreme bestreichen. Je nach Rezept Obststücke o. Ä. auf die Creme geben.

5. Den Kuchen zusammensetzen. Den zweiten Kuchenboden mit der Oberseite nach unten auf den mit Frosting bestrichenen ersten Boden legen. Ränder und Oberseite des Kuchens mit der restlichen Buttercreme überziehen.

....

6. Den Kuchen verzieren. Je nach Rezept Früchte o. Ä. auf dem Kuchen verteilen.

....

EINE METHODE – VIELE MÖGLICHKEITEN

Damit Sie für jeden Anlass einen Kuchen haben, können Sie mit der Mix&Match-Methode auch in anderen Formen und Größen backen.

Torte rund (ø 22 cm) oder quadratisch (20 x 20 cm): Bei diesen Größen ändert sich nichts an der Vorgehensweise.

Cupcakes: Die Muffinbleche mit 24 Papierförmchen auslegen. Den Teig nach Anleitung zubereiten und gleichmäßig auf die Förmchen verteilen. Die Cupcakes nach den Angaben im Rezept backen. Ca. 10 Minuten in der Form auskühlen lassen und anschließend auf ein Kuchengitter stellen. Die noch warmen Cupcakes mit einem Schaschlikspieß im Abstand von 2–3 cm einstechen. Gleichmäßig mit Sirup beträufeln und etwa 1 Stunde auskühlen und den Sirup einziehen lassen. Das Frosting nach Rezept zubereiten und auf den Cupcakes verteilen. Zum Schluss nach Wunsch verzieren.

Napfkuchen: Die Napfkuchenform fetten und mit Mehl ausstäuben (bei Schokoladen- und Mokkakuchen mit Kakao). Den Teig nach Anleitung zubereiten, in die Form füllen und nach Anleitung backen. Den Kuchen 10 Minuten in der Form abkühlen lassen und anschließend auf ein Kuchengitter setzen. Den noch warmen Kuchen im Abstand von 2–3 cm mit einem Schaschlikspieß einstechen. Gleichmäßig mit Sirup beträufeln und etwa 1 Stunde lang vollständig auskühlen und den Sirup einziehen lassen. Anschließend mit einer Glasur nach Wunsch überziehen. (Sie finden die Glasuren für Napfkuchen am Ende jedes Frosting-Rezepts.) Die Glasur mit einem Löffel verteilen und den Kuchen zum Schluss verzieren. Nach etwa einer Stunde ist die Glasur fest.

Blechkuchen (22 x 33 cm): Die Form fetten und mit Mehl ausstäuben (mit Kakao bei Schokoladen- und Mokkakuchen). Den Teig nach Anleitung zubereiten und auf das Blech geben, anschließend nach den Angaben im jeweiligen Rezept backen. Den noch warmen Kuchen mit einem Schaschlikspieß oder Messer im Abstand von 2–3 cm einstechen. Den Sirup auf dem Kuchen verteilen und etwa 1 Stunde in der Form auskühlen und einziehen lassen. Das Frosting nach Rezept zubereiten und auf dem abgekühlten Blechkuchen verteilen. Zum Schluss nach Wunsch verzieren.

SO MACHEN SIE AUS ZWEI KUCHENBÖDEN VIER

Dazu die beiden Kuchenböden waagerecht in der Mitte durchschneiden. Das funktioniert am besten, wenn die Böden komplett ausgekühlt und noch nicht mit Sirup getränkt sind. Mittig in den Rand des Bodens einen Zahnstocher stecken. Den Boden einige Zentimeter drehen und einen weiteren Zahnstocher einstecken. Das Ganze rundherum wiederholen. Ein Messer mit Wellenschliff waagerecht auf den Zahnstochern anlegen und den Kuchenboden knapp über den Zahnstochern durchschneiden. Den Kuchen beim Schneiden etwas drehen und mit dem Messer immer auf Höhe der Zahnstocher bleiben. Den oberen Teil des Bodens vorsichtig mit der Hand festhalten.

DIE KUCHEN

DIE REZEPTE IN DIESEM BUCH sind ganz leicht. Einfach die Grundmischung herstellen und mit den Zutaten aus dem jeweiligen Rezept in einer Schüssel verrühren. Mit der Mix&Match-Methode können auch Anfänger großartige Kuchen backen. Hier finden Sie grundlegende Backtechniken und Extratipps, damit ihr nächster Kuchen ganz sicher gelingt.

DIE BACKFORMEN

DIE KUCHENREZEPTE in diesem Buch sind für eine Springform mit 20 cm Durchmesser ausgelegt. Aber wie Sie auf den Bildern sehen, können Sie natürlich auch andere Backformen verwenden. Vor allem Springformen mit 23 cm Durchmesser, quadratische Formen in der Größe 20 x 20 cm oder 23 x 23 cm, Muffinbleche, Napfkuchenformen sowie rechteckige Bleche in der Größe 23 x 33 cm sind gut geeignet. Verwenden Sie immer Backformen aus Metall, nicht aus Glas. Und achten Sie darauf, dass die Kuchen je nach verwendeter Form kürzer oder länger im Ofen bleiben müssen. In den Rezepten finden Sie die angepassten Backzeiten für die jeweilige Form. Am besten machen Sie eine Garprobe: Stechen Sie mit einem Holzspieß in die Mitte des Kuchens. Bleiben keine oder nur kleine Kuchenkrümel daran hängen, ist der Kuchen fertig.

DIE BACKFORMEN VORBEREITEN

In den Rezepten ist vorgesehen, dass die Backformen gefettet und mit Mehl ausgestäubt werden, bevor Sie den Teig einfüllen. Verwenden Sie dazu weiche Butter und etwas Mehl (oder ungesüßten Kakao bei allen Schokoladen- und Mokkakuchen). So können Sie den Kuchen später leicht aus der Form lösen, ohne dass er klebt. Backtrennspray hat zwar denselben Effekt, ich empfehle jedoch die klassische Variante.

Zum Einfetten der Form einen Backpinsel und zimmerwarme Butter verwenden (ungehärtetes Pflanzenfett für einen veganen Kuchen). So entsteht eine gleichmäßige Schicht, an der das Mehl gut haftet.

Danach 1 EL Mehl (oder Kakao) in die gefettete Form geben und die Form drehen und wenden, damit sich das Mehl gleichmäßig verteilt. Anschließend die Form fest auf die Arbeitsfläche klopfen, um überschüssiges Mehl von den Seiten und aus den Ecken zu entfernen. Das überschüssige Mehl ausschütten, um eine weiße Mehlschicht auf dem fertig gebackenen Kuchen zu vermeiden. Widerstehen Sie der Versuchung, die Form mit der Mix&Match-Backmischung auszustäuben: Da diese Zucker enthält, der im Ofen schmilzt, würde der Kuchen beim Backen fest mit der Backform verkleben.

Für glutenfreie Kuchen empfehle ich Reismehl zum Vorbereiten der Form. Es hat einen milderen und weniger stärkehaltigen Geschmack als die anderen glutenfreien Mehle und verändert die Oberfläche der Kuchen beim Backen nicht.

Muffinbleche brauchen Sie nicht zu fetten und mit Mehl auszustäuben. Stattdessen verwenden Sie Muffinförmchen aus Papier, in denen die Cupcakes nach dem Backen bleiben.

DIE RICHTIGEN ZUTATEN FINDEN

DIESES BUCH ENTHÄLT TYPISCH AMERIKANISCHE REZEPTE. Daher werden manchmal Zutaten verwendet, die in Deutschland, Österreich oder der Schweiz schwierig zu finden sind. Dazu zählen etwa Brown Sugar (der aufgrund seines hohen Melasse-Anteils nicht mit dem in Deutschland gebräuchlichen braunen Zucker verwechselt werden darf), Malzmilchpulver, Root Beer, Kokosextrakt, Vanilleextrakt, Kosher-Salz, Coconut Cream oder Graham Cracker. Mit etwas Glück finden Sie die originalen oder ähnliche Zutaten in gut sortierten Supermärkten, Biosupermärkten, Asialäden oder Reformhäusern. Im Internet sind sie auf jeden Fall erhältlich. In den meisten Fällen sind in der Zutatenliste jedoch auch in Klammern Alternativen angegeben.

ZUTATEN VARIIEREN

DIE REZEPTE IN DIESEM BUCH SIND GANZ EINFACH nachzubacken und sehr vielseitig. Wenn Sie einmal eine Zutat nicht im Haus haben, seien Sie ruhig mutig und verwenden Sie stattdessen einfach eine andere, passende Zutat.

In den Rezepten verwende ich Vollmilch-Joghurt. Sollten Sie keinen haben, können Sie genauso gut auch dieselbe Menge Buttermilch oder saure Sahne verwenden. Griechischer Joghurt funktioniert ebenfalls – verdünnen Sie ihn vorher mit etwas Milch oder Wasser, um die Konsistenz von normalem Joghurt zu erhalten.

Anstelle der in den Rezepten geforderten zerlassenen Butter können Sie auch ein mildes Speiseöl verwenden. Achten Sie darauf, dass es möglichst geschmacksneutral ist. Raps- oder Traubenkernöl eignen sich am besten. Kokosöl oder Olivenöl bringen auch gute Ergebnisse, allerdings haben Sie einen starken Eigengeschmack.

Von der Verwendung von Vollkornmehl oder Zuckerersatzstoffen rate ich ab. Beide haben andere Eigenschaften als Weißmehl und raffinierter Zucker und würden die Konsistenz des Teigs und die Ausgewogenheit der Zutaten verändern.

SCHOKOLADE SCHMELZEN

LASSEN SIE SCHOKOLADE immer langsam bei kleiner Hitze und unter ständigem Rühren schmelzen. Sie können sie im Wasserbad auf dem Herd oder in einem geeigneten Gefäß in der Mikrowelle schmelzen lassen. Nehmen Sie die Schokolade vom Herd oder aus der Mikrowelle, bevor sie ganz flüssig geworden ist.

Auf dem Herd schmilzt die Schokolade je nach Menge in etwa 5 Minuten. Die Schokolade in ein hitzebeständiges Gefäß geben und über einen Topf hängen, der einige Zentimeter hoch mit heißem, aber nicht kochendem Wasser gefüllt ist. Das Gefäß darf den Topfboden nicht berühren. So lange rühren, bis die Schokolade fast komplett geschmolzen ist. In der Mikrowelle geht das Ganze schneller. Dabei aber unbedingt darauf achten, dass die Schokolade gleichmäßig schmilzt und nicht an einigen Stellen verbrennt. Die Schokolade in einem mikrowellengeeigneten Gefäß für etwa 2 Minuten und bei niedriger Wattzahl in die Mikrowelle geben. Die geschmolzene Schokolade sollte geschmeidig und glatt aussehen und sich leicht warm anfühlen. Für die Weiterverarbeitung in Kuchenteig oder Frostings sollte sie auf keinen Fall heiß sein (Seite 134). Wenn sich Krusten gebildet haben oder die Schokolade nicht mehr süßlich riecht, ist sie überhitzt und kann nicht mehr verwendet werden.

ZUTATEN MISCHEN

DIE ZUTATEN FÜR DEN TEIG ZU MISCHEN ist ganz einfach und wird Ihnen ohne viel Mühe von der Hand gehen. Der Teig wird von Hand verrührt – ohne Maschine, sondern nur mit einem Schneebesen oder Kochlöffel. Hier ein paar Tipps:

Die trockene Grundmischung in eine Schüssel geben und umrühren. Weitere trockene Zutaten hinzufügen und gut mischen. Nun die flüssigen Zutaten dazugeben. Nach einigem Rühren wird der Teig vom Backtriebmittel leicht aufgehen. Dann haben Sie Ihr Ziel erreicht und die Zutaten zu einem geschmeidigen, glatten Teig vermischt. Verwenden Sie nicht zu viel Aufwand auf das Rühren – weniger ist hier mehr und das Ergebnis ein saftiger und köstlicher Kuchen!

Fünf Tipps für einen perfekten Kuchen

1   **Die Grundmischung sorgfältig verrühren.** So verteilen sich die trockenen Zutaten gleichmäßig.

2   **Alle Zutaten bei Zimmertemperatur verwenden.** Sie verbinden sich auf diese Weise gründlicher und ermöglichen so das beste Backergebnis.

3   **Den Teig für die Kuchenböden in gleiche Teile teilen,** bevor er in die Springformen gefüllt wird. Zwei (oder vier) Portionen abwiegen, damit die Böden gleich groß werden und dieselbe Backzeit benötigen.

4   **Die Backform sofort in den Ofen schieben.** Schon nach 1–2 Minuten lässt die Wirkung der Backtriebmittel nach.

5   **Die Kuchen auf mittlerer Einschubleiste backen** und die Ofentür erst ca. 5 Minuten vor Ende der Backzeit öffnen, um eine Garprobe zu machen.

ERSTE HILFE BEI MISS-GLÜCKTEN KUCHEN

TROTZ ALLER MÜHE bei der Zubereitung misslingen Kuchen manchmal. Dafür gibt es vielfältige Gründe. Hier ein paar häufige Ursachen und Abhilfen:

DER KUCHEN IST EINGEFALLEN. Der Grund hierfür ist meist altes Backtriebmittel. Eine geöffnete Packung Backpulver hält sich etwa sechs Monate. Dasselbe gilt für Natron. Auch wenn Sie es im Kühlschrank aufbewahren, ändert sich daran nichts. Dort kann es darüber hinaus unerwünschte Gerüche annehmen. Bewahren Sie Backpulver in einem verschlossenen Behälter an einem kühlen und trockenen Ort auf.

DER BODEN HAT EINE UNEBENE OBERFLÄCHE. Daran ist meist der Backofen schuld. Eine unregelmäßige Temperatur oder Hitzeverteilung sowie eine nicht genau waagerechte Stellung Ihres Ofens können zu ungleichmäßigem Backen führen. Kontrollieren Sie mit einem Backofenthermometer, ob die Temperatur im Backofen der Anzeige entspricht. Wenn die Temperatur in Ordnung ist, prüfen Sie, ob der Backofen exakt in der Waagerechten steht. (Um eine unebene Oberfläche gerade abzuschneiden, können Sie dieselbe Technik benutzen wie für das Aufschneiden der Kuchenböden, siehe Seite 122.)

Perfekter Kuchen?

Es gibt unzählige Möglichkeiten, einen Kuchen mit welliger Oberfläche gerade zu bekommen. Sie können die Dellen einfach wegschneiden oder den oberen Kuchenboden umgedreht als unteren Boden verwenden. Wenn ich ein ganz genaues Ergebnis erzielen möchte, beschneide ich die Oberfläche, so dass sie ganz glatt ist. Häufig verzichte ich jedoch auf jeglichen Kunstgriff und lasse die Böden einfach, wie sie aus dem Ofen kommen, denn schmecken tun die Kuchen so oder so!

DER KUCHEN HAT WEISSE FLECKEN. Dafür ist überschüssiges Mehl in der Backform verantwortlich (Seite 124).

DER KUCHEN HAT BLASEN ODER IST LÖCHRIG. Ein Kuchen, der ungleichmäßig gebacken ist, kann auf Probleme mit dem Backofen hindeuten. Der Grund kann jedoch auch ein schlecht verrührter Teig sein. Wenn sich die Zutaten, vor allem das Backtriebmittel, beim Rühren nicht gründlich genug vermischt haben, können Blasen oder Löcher entstehen. Achten Sie beim Rühren darauf, dass Sie die Zutaten stets von unten nach oben verteilen und auch Zutaten vom Schüsselrand abkratzen.

KUCHENBÖDEN EINFRIEREN

WENN ES MAL SCHNELL GEHEN MUSS können Sie Kuchenböden vorbereiten und einfrieren. Das geht ganz einfach: Die Böden komplett auskühlen lassen und dann einzeln (ohne sie zu tränken) in Frischhaltefolie einschlagen und in wiederverschließbare Gefrierbeutel stecken. Danach flach ins Gefrierfach legen und nicht stapeln, bis sie steif gefroren sind. Zum Auftauen die Tüte und die Folie entfernen und die Böden bei Zimmertemperatur auf ein Kuchengitter legen. Nach etwa 2 Stunden können sie verwendet und mit Sirup getränkt werden.

Quadratische und rechteckige Böden können auf dieselbe Weise eingefroren werden. Cupcakes sollten zunächst auf einem Backblech eingefroren und dann erst in wiederverschließbare Gefrierbeutel gegeben werden. Das Auftauen funktioniert wie oben beschrieben.

Napfkuchen eignen sich nicht so gut zum Einfrieren. Aufgrund ihrer Form kann man sie nur schlecht in Folie schlagen und sie verlieren beim Einfrieren ihre Form und an Geschmack.

DIE SIRUPS

DIESES BUCH ENTHÄLT NUR ACHT GRUNDREZEPTE FÜR KUCHENTEIG. Dank der zahlreichen Sirups und ihren besonderen Aromen kann jeder Kuchen jedoch völlig unterschiedliche Geschmacksrichtungen annehmen. Diese Sirups sind das Geheimnis jedes Profikonditors. Sie machen den Kuchen schön saftig und verleihen ihm gleichzeitig einen ganz eigenen Geschmack. Die Kuchen sind wie eine Leinwand, auf der sich die verschiedenen Aromen entfalten können.

DIE SACHE MIT DEM SIRUP

DAS VORGEHEN IST FÜR JEDEN SIRUP DASSELBE: Eine Flüssigkeit wird mit Zucker und einer Prise Salz aufgekocht und anschließend wird eine Extrazutat untergerührt. Die Vielfalt an Geschmacksrichtungen ist nahezu unendlich und das Gute daran ist, dass die Sirups vorbereitet werden können (Seite 131). Die Menge in den Rezepten reicht für jeden Kuchen in diesem Buch aus, ganz gleich, ob Sie ihn als Torte, als Blechkuchen, als Napfkuchen oder als Cupcakes zubereiten.

Und so wird's gemacht: Die Kuchenböden aus dem Ofen nehmen und noch in der Form mit einem Schaschlikspieß oder Gemüsemesser im Abstand von 2–3 cm einstechen. So entstehen Kanäle, über die sich der Sirup im Kuchen verteilen kann. Anschließend den Sirup großzügig auf die Oberfläche der Kuchenböden gießen oder streichen. Die Böden in der Form auf einem Kuchengitter etwa 1–2 Stunden auskühlen lassen. Dann aus der Form lösen und mit Frosting überziehen (Seite 120).

Indem Sie die noch warmen Kuchenböden mit Sirup tränken, nutzen Sie die Abkühlzeit doppelt: Während die Böden abkühlen, zieht der Sirup in den Teig ein und verändert dessen Konsistenz und Geschmack ganz von selbst.

Wie Sie Napfkuchen, Blechkuchen oder Cupcakes mit Sirup tränken, erfahren Sie auf den Seiten 121–122.

WIE SIE SIRUP LAGERN

ALLE SIRUPS KÖNNEN SIE GUT VORBEREITEN und nach Bedarf verwenden. Den Sirup gut abkühlen lassen und in ein luftdicht verschlossenes Gefäß (Marmeladenglas, Flasche o. Ä.) füllen. Im Kühlschrank hält er sich etwa 1 Woche. Vor dem Verwenden aus dem Kühlschrank nehmen, damit er zimmerwarm wird. Anschließend die Böden damit tränken.

FROSTING UND DEKO

GROSSARTIGE KUCHEN BRAUCHEN KEINE AUFWENDIGE DEKO. Lassen Sie die überraschenden Aromen und Texturen dieser Kuchen wirken und beschränken Sie die Dekoration auf ein Minimum. Verzieren Sie den Kuchen mit gerösteten Kokosraspeln oder träufeln Sie selbstgemachten Karamell auf das Frosting. Ihr Kuchen wird lecker aussehen, ohne überladen oder prätentiös zu erscheinen. Das Ziel ist, einen Kuchen zu backen, den man sofort vernaschen möchte.

Die Menge an köstlichem Frosting in den Rezepten reicht für eine runde oder quadratische Torte mit 20 cm Durchmesser, für eine Torte mit 23 cm Durchmesser oder 24 Cupcakes. Für Napfkuchen verwenden Sie am besten die Menge und Technik, die bei den Blechkuchen beschrieben ist. Oder Sie verwandeln das Frosting in eine Glasur (wie das geht, steht in jedem Frosting-Rezept unter den Varianten).

ZIMMERWARME BUTTER

WENN BUTTER ZIMMERWARM IST, können Sie ohne Probleme Ihren Daumen hineindrücken. Die Butter sollte nicht fettig aussehen und auch nicht kleben bleiben, wenn Sie sie aus der Verpackung lösen. Wenn das der Fall ist, ist die Butter zu weich und das Frosting wird schwer und klebrig und muss noch einmal gekühlt werden, bevor Sie es verwenden können.

Ist die Butter zu hart, verbindet sie sich nicht gut mit dem Zucker, und das Frosting wird nicht gelingen. Die richtige Konsistenz der Butter erreichen Sie so:

Bei viel Zeit die Butter einfach aus dem Kühlschrank nehmen und an einen vor Sonne und Hitze geschützten Platz legen. Nach einer Weile hat sie Zimmertemperatur angenommen. Wenn es schnell gehen muss, kann die abgewogene Butter auch mit dem Rührbesen der Küchenmaschine weich geschlagen werden. Die kalte Butter in Stücke schneiden und auf kleiner Stufe verrühren. Durch das Rühren wird die Butter weich und warm. Kein Handrührgerät verwenden, denn der Motor könnte zu warm werden.

BUTTER UND ZUCKER AUFSCHLAGEN

DAS A UND O DER AMERIKANISCHEN BUTTERCREME ist das Aufschlagen der Butter und des Puderzuckers zu einer schaumigen Masse. Ich mag Kuchen lieber als Sport, daher mache ich das nie mit der Hand. Mit den Quirlen des Handrührgeräts geht es ganz leicht und schnell.

Die Butter in eine Schüssel geben. Auf kleiner Stufe rühren und den Puderzucker nach und nach hinzufügen. Wenn sich Butter und Zucker gut vermischt haben, die Masse auf mittlerer Stufe schaumig schlagen. Die Creme sollte hellgelb sein und keine Zuckerkörnchen mehr enthalten, sich leicht vom Löffel lösen und streichen lassen. Nun ist das Frosting fertig und kann weiterverarbeitet werden.

GESCHMACKSRICHTUNGEN

DIE MIX&MATCH-FROSTINGS gibt es in einer großen Vielfalt an Geschmacksrichtungen, obwohl die Rezepte alle sehr ähnlich sind. Butter und Puderzucker sind die Basis jedes Frostings. Mit den unterschiedlichen Aromen werden einzigartige Geschmacks-erlebnisse daraus. Das macht die Rezepte in diesem Buch so ein-fach und vielseitig zugleich: Kleinste Veränderungen führen zu einem völlig anderen Geschmack.

Damit das Frosting gelingt, sollten Sie darauf achten, dass alle Zutaten Zimmertemperatur haben. Butter und Frischkäse müs-sen Sie frühzeitig aus dem Kühlschrank nehmen und geschmol-zene Schokolade muss vor der Verarbeitung abkühlen. Das gilt auch für alle anderen Zutaten der Frostings. Die Mühe, die Sie beim Aufschlagen der Butter mit dem Puderzucker aufgebracht haben, kann durch die Zugabe von heißen Zutaten wie frisch zubereitetem Karamell sofort zunichte gemacht werden.

Wie erkennt man, dass eine Zutat ausreichend abgekühlt ist? Sie sollte sich weder zu heiß noch zu kalt anfühlen. (Ausnahmen sind der Karamell auf den Seiten 172–173, die karamellisierte Erdbeerkonfitüre auf Seite 171 und der Zitronenpudding auf Seite 173, die direkt aus dem Kühlschrank hinzugefügt werden können.) Die Zutaten, die heiß zubereitet werden, lassen sich gut vorbereiten, auch in größeren Mengen (Karamell kann man nie genug haben). Luftdicht verschlossen halten sie sich im Kühlschrank etwa 5 Tage.

FROSTINGS VORBEREITEN

OBWOHL DIE ZUBEREITUNG DER FROSTINGS GANZ EINFACH IST und schnell geht, lassen sie sich auch sehr gut vorbereiten. Eine Buttercreme hält sich im Kühlschrank luft-dicht verschlossen bis zu 1 Woche. Einige Stunden vor Gebrauch herausnehmen, damit sie Zimmertemperatur annehmen kann. Sie sollte weich und leicht zu streichen sein.

Sie können die Frostings auch einfrieren: Mit einem Löffel in wiederverschließbare Plastikbeutel füllen, die Luft herausdrücken, verschließen und mit Datum und Namen beschriften. Den Beutel in einen weiteren Plastikbeutel stecken und ins Gefrierfach legen. Dort hält sich die Creme bis zu 6 Monate.

Zum Auftauen über Nacht in den Kühlschrank legen. Einige Stunden vor Gebrauch herausnehmen, damit sie die Konsistenz einer frisch gemachten Creme bekommt. Mit dem Handrührgerät noch einmal kräftig aufschlagen, damit sie schön schaumig wird.

Färben

Normalerweise verwende ich keine Lebensmittelfarbe, um meine Frostings einzufärben. Zu besonderen Gelegenheiten (etwa wenn sich ein bald Vierjähriger das so sehr wünscht) mache ich allerdings eine Ausnahme. Ich verwende natürliche Lebensmittelfarben. Sie bringen schöne Ergebnisse ohne chemische Zusatzstoffe. Natürliche Lebensmittelfarben finden Sie im Internet oder in Naturkostläden. Rühren Sie die Lebensmittelfarbe einfach unter die fertige Buttercreme.

FROSTING OHNE KUCHENKRÜMEL

KRÜMEL IM FROSTING STÖREN DAS PERFEKTE BILD EINER TORTE. Es gibt zwei Methoden, um das zu vermeiden. Auf die Ränder und Oberseite der Torte eine sehr dünne, beinahe durchsichtige Schicht Buttercreme auftragen. Die Torte kühlen, damit die Schicht fest wird und die Kuchenkrümel gebunden werden. Anschließend wird das endgültige Frosting aufgetragen.

Diese Methode wird vor allem von Profis angewandt und kann auch für sich gut aussehen (wie z. B. bei dem Orangen-Mokka-Kuchen mit Frischkäse-Frosting von Seite 112). Ich bevorzuge jedoch eine andere Methode.

Einen dicken Klecks Buttercreme auf ein Palettenmesser geben und die Creme in wellenförmigen Bewegungen auf der Oberseite und den Rändern der Torte verteilen. Wichtig ist dabei, dass sich genügend Buttercreme unter dem Palettenmesser befindet, wenn noch unbestrichene Teile bearbeitet werden. Immer wieder frische Buttercreme auf das Messer geben. Entweder von der oberen Mitte zu den Seiten hin arbeiten oder von außen nach innen. Die dicke Buttercremeschicht verhindert, dass das Palettenmesser direkt mit dem Kuchen in Berührung kommt und sich Krümel lösen. Die Wellenbewegung drückt die Creme mehr auf den Kuchen, als wenn man das Palettenmesser nur leicht darüberziehen würde.

Falls sich dennoch ein paar Krümel in die Buttercreme verirren sollten, gibt es dafür einen einfachen Trick: das Palettenmesser reinigen, einen frischen Klecks Creme daraufgeben und die Krümelstelle erneut bestreichen. Die Streichrichtung ändern und weitere Krümel mit einem Löffel entfernen.

MARMORIERTES FROSTING

MANCHE KUCHEN IN DIESEM BUCH sind mit einem marmorierten Frosting verziert, bei dem die Buttercreme mit Streifen von Karamell oder einem köstlichen Brotaufstrich durchzogen ist. Marmoriertes Frosting gelingt ganz leicht und gibt der Torte eine besonders sinnliche Ausstrahlung.

Die Buttercreme in eine große Schüssel geben. Einen gehäuften Esslöffel der Zutat hinzufügen, mit der Sie die Creme marmorieren wollen. Etwas Buttercreme über die neue Zutat geben und sanft unterheben, ohne sie mit der Creme zu vermischen. Man sollte zarte Streifen der weiteren Zutat in der Buttercreme sehen. Beim Auftragen wird der Marmoreffekt noch deutlicher. Weniger ist mehr, ist das Geheimnis beim Marmorieren. Je weniger Sie die Buttercreme mit der weiteren Zutat vermischen, desto schöner wird der Effekt.

EINEN KUCHEN BESTÄUBEN

DIES IST EINE GANZ EINFACHE METHODE, um einen Kuchen zu verschönern, die sicher gelingt. Ein paar Esslöffel Puderzucker oder ungesüßten Kakao in ein feinmaschiges Sieb geben. Das Sieb über den Kuchen halten und mit dem Löffel vorsichtig gegen den Rand klopfen, sodass der Kuchen sanft berieselt wird. Sie können den Kuchen nach Wunsch ganz dünn oder mit einer dicken Schicht Puderzucker oder Kakao bestäuben.

EINEN KUCHEN MIT TOPPING VERZIEREN

ZUSÄTZLICH ZU EINEM FROSTING (Seite 132) können Sie den Kuchen mit Chocolate-Chips, Kokosraspeln, zerbröselten Salzbrezeln, gerösteten Nusssplittern, bunten Zuckerstreuseln und vielem anderen mehr verzieren, um ihn noch unwiderstehlicher zu machen.

Jedes Topping-Rezept ergibt eine Portion, die für die Deko eines Kuchens ausreicht. Je nach Wunsch können Sie die Menge auch verdoppeln oder weniger verwenden und den Rest im Kühlschrank aufbewahren.

Eine Portion des gewünschten Toppings in eine Schüssel geben. Eine kleine Menge davon mit der flachen Hand an die Ränder des frisch mit Buttercreme überzogenen Kuchens drücken. Der Kuchen steht dabei am besten noch auf dem Backpapier, das Sie zum Bestreichen mit Buttercreme untergelegt haben. Mit der Hand unten ansetzen und das Topping sanft nach oben hin festdrücken. Anschließend nach Wunsch die Oberseite verzieren. Was seitlich herunterfällt, können Sie wieder verwenden. Bei Cupcakes wird die Menge des Toppings entsprechend reduziert.

BUTTERCREMEKUCHEN LAGERN

DAS FROSTING SCHÜTZT DEN KUCHEN vor dem Austrocknen. Kuchen, die mit Buttercreme überzogen sind, halten sich bei Zimmertemperatur in einer Kuchenbox etwa 1 Tag. Sobald der Kuchen angeschnitten ist, sollten Sie ihn in einem luftdicht verschlossenen Behälter lagern, damit er nicht austrocknet. Sie können einen Plastikbehälter mit Deckel verwenden oder den Kuchen in einem Karton lagern, den Sie mit Plastikfolie umwickeln.

Es gibt unterschiedliche Meinungen darüber, ob man einen Buttercremekuchen im Kühlschrank lagern sollte oder nicht.

Ich finde, es kommt immer darauf an, ob er außerhalb des Kühlschranks sehr warm oder eher kühl steht.

Generell kann man sagen, dass Buttercremekuchen am besten bei einer Zimmertemperatur von nicht mehr als 21 °C gelagert werden. Die Luft im Kühlschrank ist sehr trocken und kann den Kuchenteig hart und den Geschmack fad machen.

KUCHENRESTE EINFRIEREN

Falls einmal der seltene Fall eintreten sollte, dass ein Kuchen nicht ganz aufgegessen wird, können Sie die Reste einfrieren. Schneiden Sie den Kuchen dazu in Stücke und frieren Sie sie einzeln ein.

Einen Teller, eine Platte oder ein Blech mit Backpapier oder Frischhaltefolie auslegen und die Stücke einzeln daraufsetzen. Die Stücke sollten sich nicht berühren. Das Ganze etwa 1 Stunde ins Gefrierfach stellen, bis die Kuchenstücke gut durchgefroren sind. Anschließend jedes Stück einzeln in Frischhaltefolie einwickeln, in wiederverschließbare Plastikbeutel stecken und ins Gefrierfach legen. Dort halten sie sich 3 Monate. Vor dem Verzehr die Folie entfernen und den Kuchen etwa 30 Minuten bei Zimmertemperatur auftauen lassen.

Die Extras

Einige Kuchen in diesem Buch sind mit selbstgemachten Graham-Cracker-Streuseln (Seite 179), einem Hauch Rosmarinzucker (Seite 180) oder mit gedünsteten Äpfeln (Seite 174) verziert. Verwenden Sie diese Toppings und Füllungen wie in den Rezepten beschrieben oder erfinden Sie damit nach Lust und Laune andere Kombinationen.

Die Rezepte

DIE KUCHEN

DIE MIX&MATCH-GRUNDMISCHUNG

▼ **FÜR EINE TORTE** (Ø 20 CM ODER 23 CM) ODER EINEN BLECHKUCHEN (23 X 33 CM) ODER EINEN NAPFKUCHEN (Ø 25 CM) ODER 24 CUPCAKES

375 g Mehl

350 g Zucker

¾ TL Natron

¾ TL Backpulver

1 TL Tafelsalz (siehe Hinweis)

Alle Zutaten in eine große Schüssel geben und gut vermischen.

HINWEIS: Verwenden Sie nur Tafelsalz für die Grundmischung. Andere Salzarten lösen sich bei der Teigzubereitung weniger gut auf.

DIE GLUTENFREIE MIX&
MATCH-GRUNDMISCHUNG

V • GF FÜR EINE TORTE (Ø 20 CM ODER 23 CM) ODER EINEN BLECHKUCHEN (23 X 33 CM) ODER EINEN NAPFKUCHEN (Ø 25 CM) ODER 24 CUPCAKES

··

160 g weißes Reismehl (siehe Hinweis)

60 g Tapiokastärke

40 g Kokosmehl

80 g Hirsemehl

350 g Zucker

1 TL Natron

1 TL Backpulver

1 TL Tafelsalz (siehe Hinweis)

Alle Zutaten in eine große Schüssel geben und gut vermischen.

HINWEIS: Die Mischung aus den vier verschiedenen Mehlen kommt den Backeigenschaften von haushaltsüblichem Weizenmehl sehr nahe. Nur wenn die Anteile von Eiweiß, Fett und Stärke ausgewogen sind, wird die Konsistenz des Teigs weich und gleichzeitig fest. Wird ein Mehl ersetzt oder weggelassen, hat das Auswirkungen auf das Backergebnis. Biosupermärkte haben meist eine gute Auswahl an alternativen Mehlsorten.

In gut sortierten Supermärkten finden Sie außerdem glutenfreie Mehlmischungen, die Sie ebenfalls verwenden können. Ersetzen Sie dazu einfach das Mehl in der normalen Mix&Match-Grundmischung (Seite 142) durch diese Mehlmischung.

Verwenden Sie nur Tafelsalz für die Grundmischung. Andere Salzarten lösen sich bei der Teigzubereitung weniger gut auf.

Grundmischung vorbereiten und lagern

Die Grundmischungen können gut vorbereitet und in einem luftdicht verschlossenen Behälter oder einem wiederverschließbaren Plastikbeutel mit Datum an einem kühlen und trockenen Ort aufbewahrt werden. So hält sich die Mischung etwa 3 Monate. Achten Sie immer darauf, die Zutaten gut zu vermischen, und rühren Sie die Grundmischung noch einmal gut durch, bevor Sie sie für einen Kuchen verwenden. Lagern Sie jeweils die Menge einer Grundmischung in einem Behälter oder Beutel, falls Sie größere Mengen vorbereiten.

VANILLEKUCHEN

FÜR EINE TORTE (Ø 20 CM ODER 23 CM) ODER EINEN BLECHKUCHEN (23 X 33 CM) ODER EINEN NAPFKUCHEN (Ø 25 CM) ODER 24 CUPCAKES

1 Mix&Match-Grundmischung
(Seite 142), gut vermischt

175 g Vollmilch-Naturjoghurt
(3,5 % Fett)

250 g Butter, zerlassen und abgekühlt
(alternativ 250 ml Pflanzenöl)

175 ml Wasser

2 TL Vanilleextrakt

4 Eier (Größe L), zimmerwarm

Butter und Mehl für die Form(en)

1 Den Backofen auf 180 °C vorheizen. Den Boden und die Ränder der Form(en) einfetten und mit Mehl ausstäuben. Überschüssiges Mehl entfernen. Alternativ Cupcake-Förmchen aus Papier in ein Muffinblech setzen.

2 Die Grundmischung in eine große Schüssel geben. Mit Joghurt, Butter, Wasser, Vanilleextrakt und Eiern zu einem glatten Teig verrühren. Den Teig auf die Form(en) verteilen.

3 35–40 Minuten backen, bis sich die Oberfläche leicht wölbt und goldbraun ist (evtl. Garprobe machen). Die Backzeit für den Napfkuchen beträgt 40–50 Minuten, für den Blechkuchen 25–30 Minuten, für die Cupcakes 20–25 Minuten. Anschließend den Sirup auf den Kuchen träufeln (Seite 130) und in den Formen auskühlen lassen.

VARIANTEN

 *Buttermilchkuchen:* Den Joghurt durch Buttermilch ersetzen.

Vanille-Zimt-Kuchen: 2 TL Zimt unter die trockenen Zutaten mischen.

Konfettikuchen: Eine Handvoll bunte Zuckerstreusel in den Teig rühren, bevor er in die Form(en) gefüllt wird.

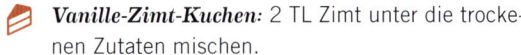 *Ananas-kopfüber-Kuchen:* 300 g frische, klein geschnittene Ananas mit 125 g Zucker in einer Schüssel vermengen. Die Ananas-Zucker-Mischung auf die Form(en) verteilen und den Teig darübergießen.

 *Vanille-Olivenöl-Kuchen:* Die geschmolzene Butter durch Olivenöl ersetzen.

Glutenfreier Vanillekuchen: Den Teig mit der glutenfreien Mix&Match-Grundmischung (Seite 143) zubereiten. Zum Ausstäuben der Form(en) weißes Reismehl verwenden.

Veganer Vanillekuchen: Die Form(en) mit ungehärtetem Pflanzenfett einfetten und anschließend mit Mehl ausstäuben. Die trockenen Zutaten nach Grundrezept mischen. 125 g festen Tofu zerbröseln und das Wasser etwas ausdrücken. Zusammen mit 350 ml Wasser, 1 TL Apfelessig oder weißem Branntweinessig und 250 ml Pflanzenöl (anstelle der zerlassenen Butter) im Mixer glattrühren. Die Tofu-Mischung mit den trockenen Zutaten und dem Vanilleextrakt verrühren und nach Rezept weiterarbeiten.

DUNKLER
SCHOKOLADENKUCHEN

FÜR EINE TORTE (Ø 20 CM ODER 23 CM) ODER EINEN BLECHKUCHEN (23 X 33 CM) ODER EINEN NAPFKUCHEN (Ø 25 CM) ODER 24 CUPCAKES

55 g Kakao, ungesüßt und gesiebt

1 Mix&Match-Grundmischung
(Seite 142), gut vermischt

¼ TL Natron

125 g Zartbitterschokolade, geschmolzen (Seite 126) und abgekühlt

175 g Vollmilch-Naturjoghurt
(3,5 % Fett)

250 g Butter, zerlassen und abgekühlt
(alternativ 250 ml Pflanzenöl)

250 ml Wasser

4 Eier (Größe L), zimmerwarm

Butter und Kakao, ungesüßt und
gesiebt, für die Form(en)

1 Den Backofen auf 180 °C vorheizen. Den Boden und die Ränder der Form(en) einfetten und mit Kakao ausstäuben. Überschüssigen Kakao entfernen. Alternativ Cupcake-Förmchen aus Papier in ein Muffinblech setzen.

2 Die Grundmischung mit dem Kakao und dem Natron in einer großen Schüssel vermischen. Mit der geschmolzenen Schokolade, Joghurt, Butter, Wasser und Eiern zu einem glatten Teig verrühren. Den Teig auf die Form(en) verteilen.

3 35–40 Minuten backen, bis sich die Oberfläche leicht wölbt und der Kuchen duftet (evtl. Garprobe machen). Die Backzeit für den Napfkuchen beträgt 40–50 Minuten, für den Blechkuchen 25–30 Minuten, für die Cupcakes 20–25 Minuten. Anschließend den Sirup auf den Kuchen träufeln (Seite 130) und in den Formen auskühlen lassen.

VARIANTEN

 Colakuchen: Das Wasser durch Cola (nicht light) ersetzen.

 Schokoladenkuchen mit Stout: Das Wasser durch Stout-Bier ersetzen.

 Glutenfreier Schokoladenkuchen: Die glutenfreie Mix&Match-Grundmischung (Seite 143) sowie glutenfreie Zartbitterschokolade, geschmolzen und abgekühlt, verwenden.

 Veganer Schokoladenkuchen: Die Form(en) mit ungehärtetem Pflanzenfett einfetten und anschließend mit ungesüßtem Kakao ausstäuben. Die trockenen Zutaten nach Grundrezept mischen. 125 g festen Tofu zerbröseln und das Wasser etwas ausdrücken. Zusammen mit 350 ml Wasser, 1 TL Apfelessig oder weißem Branntweinessig, 250 ml Pflanzenöl (anstelle der zerlassenen Butter) und milchfreier Zartbitterschokolade, geschmolzen und abgekühlt, im Mixer glattrühren. Die Tofu-Mischung mit der Grundmischung, Natron und Kakao verrühren und nach Rezept weiterarbeiten.

ZITRONENKUCHEN

FÜR EINE TORTE (Ø 20 CM ODER 23 CM) ODER EINEN BLECHKUCHEN (23 X 33 CM) ODER EINEN NAPFKUCHEN (Ø 25 CM) ODER 24 CUPCAKES

1 Mix&Match-Grundmischung (Seite 142), gut vermischt

2 TL abgeriebene Zitronenschale

¼ TL Backpulver

¼ TL Natron

175 ml Vollmilch

250 g Butter, zerlassen und abgekühlt (alternativ 250 ml Pflanzenöl)

3 EL Zitronensaft, frisch gepresst

4 Eier (Größe L), zimmerwarm

Butter und Mehl für die Form(en)

1 Den Backofen auf 180 °C vorheizen. Den Boden und die Ränder der Form(en) einfetten und mit Mehl ausstäuben. Überschüssiges Mehl entfernen. Alternativ Cupcake-Förmchen aus Papier in ein Muffinblech setzen.

2 Die Grundmischung mit abgeriebener Zitronenschale, Backpulver und Natron in einer großen Schüssel vermischen. Mit Milch, Butter, Zitronensaft und Eiern zu einem glatten Teig verrühren. Den Teig auf die Form(en) verteilen.

3 32–36 Minuten backen, bis die Oberfläche gleichmäßig goldbraun ist (evtl. Garprobe machen). Die Backzeit für den Napfkuchen beträgt 40–50 Minuten, für den Blechkuchen 25–35 Minuten, für die Cupcakes 20–25 Minuten. Anschließend den Sirup auf den Kuchen träufeln (Seite 130) und in den Formen auskühlen lassen.

VARIANTEN

Grapefruit-Kuchen: Den Zitronensaft durch frisch gepressten Grapefruitsaft und die Zitronenschale durch Grapefruitschale ersetzen.

Zitronen-Mohn-Kuchen: 1 EL Mohnsamen mit den trockenen Zutaten mischen.

Zitronen-Ricotta-Kuchen: 120 g Ricotta mit 60 ml Wasser verrühren und anstelle der Vollmilch verwenden.

Limonenkuchen: Den Zitronensaft durch frisch gepressten Limonensaft und die Zitronenschale durch Limonenschale ersetzen.

Orangenkuchen: Den Zitronensaft durch frisch gepressten Orangensaft und die Zitronenschale durch Orangenschale ersetzen.

Glutenfreier Zitronenkuchen: Die Form(en) mit weißem Reismehl ausstäuben. Die glutenfreie Mix&Match-Grundmischung (Seite 143) verwenden.

Veganer Zitronenkuchen: Die Form(en) mit ungehärtetem Pflanzenfett einfetten und anschließend mit Mehl ausstäuben. Die trockenen Zutaten nach Grundrezept mischen. 125 g festen Tofu zerbröseln und das Wasser etwas ausdrücken. Zusammen mit 350 ml Wasser, 3 EL frisch gepresstem Zitronensaft und 250 ml Pflanzenöl (anstelle der zerlassenen Butter) im Mixer glattrühren. Die Tofu-Mischung mit den trockenen Zutaten verrühren und nach Rezept weiterarbeiten.

BROWN-SUGAR-KUCHEN

FÜR EINE TORTE (Ø 20 CM ODER 23 CM) ODER EINEN BLECHKUCHEN (23 X 33 CM) ODER EINEN NAPFKUCHEN (Ø 25 CM) ODER 24 CUPCAKES

1 Mix&Match-Grundmischung
(Seite 142), gut vermischt

¼ TL Natron

60 g Light Brown Sugar (Seite 125;
alternativ 60 g Zucker + 1 TL
Melasse)

250 g Butter, zerlassen und abgekühlt
(alternativ 250 ml Pflanzenöl)

175 g Vollmilch-Naturjoghurt
(3,5 % Fett)

150 ml Wasser

1 EL Bio-Melasse

1 TL Vanilleextrakt

4 Eier (Größe L), zimmerwarm

Butter und Mehl für die Form(en)

1 Den Backofen auf 180 °C vorheizen. Den Boden und die Ränder der Form einfetten und mit Mehl ausstäuben. Überschüssiges Mehl entfernen. Alternativ Cupcake-Förmchen aus Papier in ein Muffinblech setzen.

2 Die Grundmischung mit Natron und Zucker vermengen. Mit Butter, Joghurt, Wasser, Melasse, Vanilleextrakt und Eiern zu einem glatten Teig verrühren. Den Teig auf die Form(en) verteilen.

3 40–45 Minuten backen, bis sich die Oberfläche leicht wölbt (evtl. Garprobe machen). Die Backzeit für den Napfkuchen beträgt 40–50 Minuten, für den Blechkuchen 20–25 Minuten, für die Cupcakes 20–25 Minuten. Anschließend den Sirup auf den Kuchen träufeln (Seite 130) und in den Formen auskühlen lassen.

VARIANTEN

Zimtkuchen: 1 TL Zimt unter die trockenen Zutaten mischen.

Zimt-Rosinen-Kuchen: 1 TL Zimt unter die trockenen Zutaten mischen. Zum Schluss 175 g Rosinen unter den Teig heben.

Nusskuchen: 1 TL Zimt unter die trockenen Zutaten mischen. Zum Schluss 175 g gehackte Walnüsse oder Pekannüsse unter den Teig heben.

Brauner Butterkuchen: 250 g Butter bei mittlerer Hitze in einer Kasserolle schmelzen. Ca. 6–8 Minuten leicht köcheln lassen, bis die Butter Blasen bildet und goldbraun wird. Die braune Butter abkühlen lassen und anstelle der zerlassenen Butter im Rezept verwenden.

Chocolate-Chip-Kuchen: Zum Schluss 170 g Zartbitter-Schokotropfen unter den Teig heben.

Root-Beer-Kuchen: Im Grundrezept das Wasser durch Root Beer (nicht light) ersetzen.

Glutenfreier Brown-Sugar-Kuchen: Den Teig mit der glutenfreien Mix&Match-Grundmischung (Seite 143) zubereiten. Die Form(en) mit weißem Reismehl ausstäuben.

Veganer Brown-Sugar-Kuchen: Die Form(en) mit ungehärtetem Pflanzenfett einfetten und anschließend mit Mehl ausstäuben. Die trockenen Zutaten nach Grundrezept mischen. 125 g festen Tofu zerbröseln und das Wasser etwas ausdrücken. Zusammen mit 350 ml Wasser, 1 TL Apfelessig oder weißem Branntweinessig und 250 ml Pflanzenöl (anstelle der zerlassenen Butter) im Mixer glattrühren. Die Tofu-Mischung mit den trockenen Zutaten, Melasse und Vanilleextrakt verrühren und nach Rezept weiterarbeiten.

APFELKUCHEN

FÜR EINE TORTE (Ø 20 CM ODER 23 CM) ODER EINEN BLECHKUCHEN (23 X 33 CM) ODER EINEN NAPFKUCHEN (Ø 25 CM) ODER 24 CUPCAKES

- 1 Mix&Match-Grundmischung (Seite 142), gut vermischt
- 1 TL Backpulver
- 125 g Vollmilch-Naturjoghurt (3,5% Fett)
- 250 g Butter, zerlassen und abgekühlt (alternativ 250 ml Pflanzenöl)
- 60 ml Wasser
- 4 Eier (Größe L), zimmerwarm
- 3–4 Äpfel, geschält und grob gerieben
- Butter und Mehl für die Form(en)

1 Den Backofen auf 180 °C vorheizen. Den Boden und die Ränder der Form(en) einfetten und mit Mehl ausstäuben. Überschüssiges Mehl entfernen. Alternativ Cupcake-Förmchen aus Papier in ein Muffinblech setzen.

2 Die Grundmischung mit dem Backpulver in einer großen Schüssel vermischen. Mit Joghurt, Butter, Wasser und Eiern zu einem glatten Teig verrühren. Die geriebenen Äpfel unterheben. Den Teig auf die Form(en) verteilen.

3 40–45 Minuten backen, bis die Oberfläche goldbraun ist (evtl. Garprobe machen). Die Backzeit für den Napfkuchen beträgt 40–50 Minuten, für den Blechkuchen 25–30 Minuten, für die Cupcakes 25–30 Minuten. Anschließend den Sirup auf den Kuchen träufeln (Seite 130) und in den Formen auskühlen lassen.

VARIANTEN

Apfel-Cider-Kuchen: Das Wasser durch naturtrüben Apfelsaft oder Cider ersetzen.

Bananenkuchen: Die Äpfel durch zwei sehr reife, mit der Gabel zerdrückte Bananen ersetzen.

Karottenkuchen: Die Äpfel durch geriebene Karotten ersetzen.

Karotten-Limonen-Kuchen: Die Äpfel durch geriebene Karotten ersetzen und 2 EL abgeriebene Limonenschale unter die trockenen Zutaten mischen.

Blaubeerkuchen: Die Äpfel durch 250 g pürierte Blaubeeren ersetzen.

Birnenkuchen: Die Äpfel durch dieselbe Menge geschälte und geriebene reife Birnen ersetzen.

Kürbiskuchen: 2 TL Zimt und 1 TL Muskatnuss zu den trockenen Zutaten geben. Die Äpfel durch 200 g Kürbis aus der Dose ersetzen.

Zucchinikuchen: Die Äpfel durch dieselbe Menge geriebene Zucchini ersetzen.

Glutenfreier Apfelkuchen: Die Form(en) mit weißem Reismehl ausstäuben. Die glutenfreie Mix&Match-Grundmischung (Seite 143) verwenden.

Veganer Apfelkuchen: Die Form(en) mit ungehärtetem Pflanzenfett einfetten und anschließend mit Mehl ausstäuben. Die trockenen Zutaten nach Grundrezept mischen. 125 g festen Tofu zerbröseln und das Wasser etwas ausdrücken. Zusammen mit 175 ml Wasser, 1 TL Apfelessig oder Branntweinessig und 250 ml Pflanzenöl (anstelle der zerlassenen Butter) 30–60 Sekunden im Mixer glattrühren. Die Tofu-Mischung mit den trockenen Zutaten und den geriebenen Äpfeln verrühren und nach Rezept weiterarbeiten.

ERDNUSSCREMEKUCHEN

FÜR EINE TORTE (Ø 20 CM ODER 23 CM) ODER EINEN BLECHKUCHEN (23 X 33 CM) ODER EINEN NAPFKUCHEN (Ø 25 CM) ODER 24 CUPCAKES

1 Mix&Match-Grundmischung
(Seite 142), gut vermischt

175 g Vollmilch-Naturjoghurt
(3,5% Fett)

150 g weiche Erdnusscreme

4 Eier (Größe L), zimmerwarm

250 ml Wasser

250 g Butter, zerlassen und abgekühlt
(alternativ 250 ml Pflanzenöl)

Butter und Mehl für die Form(en)

1 Den Backofen auf 180 °C vorheizen. Den Boden und die Ränder der Form(en) einfetten und mit Mehl ausstäuben. Überschüssiges Mehl entfernen. Alternativ Cupcake-Förmchen aus Papier in das Muffinblech setzen.

2 Die Grundmischung in eine große Schüssel geben. Joghurt, Erdnusscreme und Eier verrühren, mit Butter und Wasser zur Grundmischung geben und alles zu einem glatten Teig verarbeiten. Den Teig auf die Form(en) verteilen.

3 32–36 Minuten backen, bis sich die Oberfläche leicht wölbt (evtl. Garprobe machen). Die Backzeit für den Napfkuchen beträgt 40–50 Minuten, für den Blechkuchen 25–35 Minuten, für die Cupcakes 20–25 Minuten. Anschließend den Sirup auf den Kuchen träufeln (Seite 130) und in den Formen auskühlen lassen.

VARIANTEN

Mandelmus-Kuchen: Die Erdnusscreme durch dieselbe Menge Bio-Mandelmus ersetzen.

Cashewmus-Kuchen: Die Erdnusscreme durch dieselbe Menge Bio-Cashewmus ersetzen.

Pistazienkuchen: 145 g geschälte Pistazien 5 Minuten im Mixer fein pürieren und anstelle der Erdnusscreme verwenden.

Würziger Mandelmus-Kuchen: 1 TL Zimt zur Grundmischung geben. Die Erdnusscreme durch dieselbe Menge Bio-Mandelmus ersetzen.

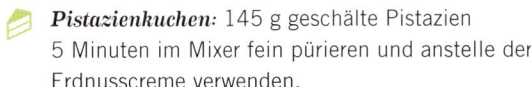

Glutenfreier Erdnusscremekuchen: Die Form(en) mit weißem Reismehl ausstäuben. Die glutenfreie Mix&Match-Grundmischung (Seite 143) verwenden.

Veganer Erdnusscremekuchen: Die Form(en) mit ungehärtetem Pflanzenfett einfetten und anschließend mit Mehl ausstäuben. Die trockenen Zutaten nach Grundrezept mischen. 125 g festen Tofu zerbröseln und das Wasser etwas ausdrücken. Zusammen mit 350 ml Wasser, 125 g Erdnusscreme, 1 TL Apfelessig oder Branntweinessig und 250 ml Pflanzenöl (anstelle der zerlassenen Butter) 30–60 Sekunden im Mixer glattrühren. Die Tofu-Mischung mit den trockenen Zutaten verrühren und nach Rezept weiterarbeiten.

KOKOSKUCHEN

FÜR EINE TORTE (Ø 20 CM ODER 23 CM) ODER EINEN BLECHKUCHEN (23 X 33 CM) ODER EINEN NAPFKUCHEN (Ø 25 CM) ODER 24 CUPCAKES

1 Mix&Match-Grundmischung
(Seite 142), gut vermischt

175 g Vollmilch-Naturjoghurt
(3,5% Fett)

160 g Butter, zerlassen und abgekühlt
(alternativ 160 ml Pflanzenöl)

175 ml Kokosmilch

2 TL Kokosnuss-Creme (Seite 160)

4 Eier (Größe L), zimmerwarm

Butter und Mehl für die Form(en)

1 Den Backofen auf 180 °C vorheizen. Den Boden und die Ränder der Form(en) einfetten und mit Mehl ausstäuben. Überschüssiges Mehl entfernen. Alternativ Cupcake-Förmchen aus Papier in ein Muffinblech setzen.

2 Die Grundmischung in eine große Schüssel geben. Mit Joghurt, Butter, Kokosmilch, Kokosnuss-Creme und Eiern zu einem glatten Teig verrühren. Den Teig auf die Form(en) verteilen.

3 35–40 Minuten backen, bis die Oberfläche goldbraun ist (evtl. Garprobe machen). Die Backzeit für den Napfkuchen beträgt 40–50 Minuten, für den Blechkuchen 25–30 Minuten, für die Cupcakes 20–25 Minuten. Anschließend den Sirup auf den Kuchen träufeln (Seite 130) und in den Formen auskühlen lassen.

VARIANTEN

 ***Kokoskuchen mit weißer Schokolade:*** 125 g weiße Schokolade, geschmolzen und abgekühlt, zum Schluss in den Teig rühren.

 ***Kokoskuchen mit Schokotropfen:*** Zum Schluss 170 g Zartbitter-Schokotropfen unterrühren.

Würziger Kokos-Pekannuss-Kuchen: 1 ½ TL Zimt und ½ TL Muskatnuss zu den trockenen Zutaten geben. Zum Schluss 50 g Kokosflocken oder -raspeln und 120 g gehackte Pekannüsse unter den Teig heben.

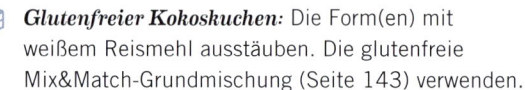 ***Glutenfreier Kokoskuchen:*** Die Form(en) mit weißem Reismehl ausstäuben. Die glutenfreie Mix&Match-Grundmischung (Seite 143) verwenden.

Veganer Kokoskuchen: Die Form(en) mit ungehärtetem Pflanzenfett einfetten und anschließend mit Mehl ausstäuben. Die trockenen Zutaten nach Grundrezept mischen. 125 g festen Tofu zerbröseln und das Wasser etwas ausdrücken. Zusammen mit 350 ml Kokosmilch, 2 TL Kokosnuss-Creme, 1 TL Apfelessig oder Branntweinessig und 150 ml Pflanzenöl (anstelle der zerlassenen Butter) im Mixer glattrühren. Die Tofu-Mischung mit den trockenen Zutaten verrühren und nach Rezept weiterarbeiten.

MOKKAKUCHEN

FÜR EINE TORTE (Ø 20 CM ODER 23 CM) ODER EINEN BLECHKUCHEN (23 X 33 CM) ODER EINEN NAPFKUCHEN (Ø 25 CM) ODER 24 CUPCAKES

55 g Kakao, ungesüßt und gesiebt

1 Mix&Match-Grundmischung
(Seite 142), gut vermischt

¼ TL Natron

175 g Vollmilch-Naturjoghurt
(3,5% Fett)

250 g Butter, zerlassen und abgekühlt
(alternativ 250 ml Pflanzenöl)

250 ml kalter Espresso

4 Eier (Größe L), zimmerwarm

Butter und ungesüßter Kakao für die
Form(en)

1 Den Backofen auf 180 °C vorheizen. Den Boden und die Seiten der Form(en) einfetten und mit Kakao ausstäuben. Überschüssigen Kakao entfernen. Alternativ Cupcake-Förmchen aus Papier in ein Muffinblech setzen.

2 Die Grundmischung mit Kakao und Natron in einer großen Schüssel vermischen. Mit Joghurt, Butter, Espresso und Eiern zu einem glatten Teig verrühren. Den Teig auf die Form(en) verteilen.

3 32–36 Minuten backen, bis die Oberfläche leicht gewölbt ist (evtl. Garprobe machen). Die Backzeit für den Napfkuchen beträgt 40–45 Minuten, für den Blechkuchen 25–35 Minuten, für die Cupcakes 20–25 Minuten. Anschließend den Sirup auf den Kuchen träufeln (Seite 130) und in den Formen auskühlen lassen.

VARIANTEN

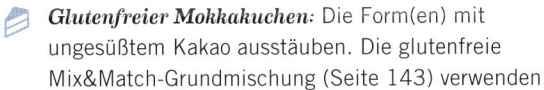

Glutenfreier Mokkakuchen: Die Form(en) mit ungesüßtem Kakao ausstäuben. Die glutenfreie Mix&Match-Grundmischung (Seite 143) verwenden.

Veganer Mokkakuchen: Die Form(en) mit ungehärtetem Pflanzenfett einfetten und anschließend mit ungesüßtem Kakao ausstäuben. Die trockenen

Zutaten nach Grundrezept mischen. 125 g festen Tofu zerbröseln und das Wasser etwas ausdrücken. Zusammen mit 125 ml Wasser, dem Espresso, 1 TL Apfelessig oder Branntweinessig und 250 ml Pflanzenöl (anstelle der zerlassenen Butter) im Mixer glattrühren. Die Tofu-Mischung mit den trockenen Zutaten verrühren und nach Rezept weiterarbeiten.

DIE SIRUPS

VANILLESIRUP

GF • V ERGIBT 250 ML

125 g Zucker

125 ml Wasser

1 Prise Salz

1 TL Vanilleextrakt (alternativ Mark
von 1 Vanilleschote)

Zucker, Wasser und Salz in einem kleinen Topf erhitzen und etwa 5 Minuten bei mittlerer Hitze köcheln lassen. Rühren, bis sich der Zucker auflöst. Anschließend Vanilleextrakt (alternativ Vanillemark) unterrühren. Von der Kochstelle nehmen und abgedeckt abkühlen lassen. Warm oder zimmerwarm verwenden.

Der Vanillesirup hält sich luftdicht verschlossen im Kühlschrank etwa 1 Woche. Vor dem Gebrauch in einem kleinen Topf bei schwacher Hitze erwärmen.

VARIANTEN

 Schokoladensirup: Die Vanille durch 30 g ungesüßten Kakao ersetzen.

 Ahornsirup: Nur 85 g Zucker verwenden und die Vanille durch 60 ml Ahornsirup ersetzen.

SAHNESIRUP

GF ERGIBT 250 ML

125 g Zucker

125 g Schlagsahne

1 Prise Salz

½ TL Vanilleextrakt

Zucker, Schlagsahne und Salz in einem kleinen Topf erhitzen und bei mittlerer Hitze köcheln lassen. Rühren, bis sich der Zucker auflöst. Von der Kochstelle nehmen, Vanilleextrakt unterrühren und abgedeckt abkühlen lassen. Warm oder zimmerwarm verwenden.

Der Sahnesirup hält sich luftdicht verschlossen im Kühlschrank etwa 1 Woche. Vor dem Gebrauch in einem kleinen Topf bei schwacher Hitze erwärmen.

VARIANTEN

 Sahne-Karamell-Sirup: 60 ml Salzkaramell (Seite 172) in den Sahnesirup geben und gut verrühren.

 Sahne-Kakao-Sirup: 2 EL ungesüßten Kakao in den Sahnesirup rühren.

 Wodka-Sahne-Sirup: 2 EL Wodka zusammen mit der Vanille in den Sahnesirup geben.

 Veganer Sahnesirup: Die Sahne durch dieselbe Menge Coconut Cream (alternativ Kokos-Schlagcreme) ersetzen.

BEERENSIRUP

GF • V ERGIBT 250 ML

125 g Zucker

125 ml Wasser

1 EL Himbeerkonfitüre ohne Kerne

1 EL Erdbeerkonfitüre ohne Kerne

1 Prise Salz

½ TL Vanilleextrakt

1 EL Kirschlikör oder Kirschwasser (optional)

Zucker, Wasser, Konfitüre und Salz in einem kleinen Topf erhitzen und bei mittlerer Hitze köcheln lassen. Rühren, bis sich der Zucker auflöst. Vanilleextrakt und Alkohol einrühren. Von der Kochstelle nehmen und abgedeckt ca. 20 Minuten ziehen lassen. Durch ein Sieb streichen. Warm oder zimmerwarm verwenden.

Der Beerensirup hält sich luftdicht verschlossen im Kühlschrank etwa 1 Woche. Vor dem Gebrauch in einem kleinen Topf bei schwacher Hitze erwärmen.

VARIANTEN

Brombeersirup: 2 EL Brombeerkonfitüre ohne Kerne anstatt der Himbeer- und Erdbeerkonfitüre verwenden. Den Kirschlikör weglassen.

Blaubeersirup: 2 EL Blaubeerkonfitüre anstatt der Himbeer- oder Erdbeerkonfitüre verwenden. Den Kirschlikör weglassen.

Whiskey-Beeren-Sirup: 1 EL Bourbon Whiskey mit dem Vanilleextrakt und dem Kirschlikör verrühren.

Kirschsirup: 2 EL Kirschkonfitüre anstatt der Himbeer- und Erdbeerkonfitüre verwenden.

Mangosirup: 50 g gehackte Mango (frisch oder TK) anstatt der Himbeer- und Erdbeerkonfitüre verwenden. Den Kirschlikör weglassen.

Pfirsichsirup: 2 EL Pfirsichkonfitüre anstatt der Himbeer- oder Erdbeerkonfitüre verwenden. Den Kirschlikör weglassen.

Birnensirup: 50 g klein gehackte Birne anstatt der Himbeer- und Erdbeerkonfitüre verwenden. Den Kirschlikör weglassen.

Himbeersirup: 1 EL Himbeerkonfitüre anstatt der Erdbeerkonfitüre verwenden. Den Kirschlikör durch 1 TL Beerenlikör ersetzen.

Erdbeersirup: 1 EL Erdbeerkonfitüre anstatt der Himbeerkonfitüre verwenden. Den Kirschlikör weglassen

RUMSIRUP

GF • V ERGIBT 250 ML

125 g Zucker

125 ml Wasser

1 Prise Salz

2 EL brauner oder weißer Rum

Zucker, Wasser und Salz in einem kleinen Topf erhitzen und bei mittlerer Hitze köcheln lassen. Rühren, bis sich der Zucker auflöst. Anschließend den Rum hinzufügen. Von der Kochstelle nehmen und abgedeckt abkühlen lassen. Warm oder zimmerwarm verwenden.

Der Rumsirup hält sich luftdicht verschlossen im Kühlschrank etwa 1 Woche. Vor dem Gebrauch in einem kleinen Topf bei schwacher Hitze erwärmen.

VARIANTEN

 *Amaretto-Sirup:* Den Rum durch Amaretto ersetzen.

 *Sahnelikör-Sirup:* Den Rum durch irischen Sahnelikör ersetzen.

 *Bourbon-Sirup:* Den Rum durch Bourbon Whiskey ersetzen.

Scotch-Sirup: Den Rum durch Scotch ersetzen.

Rum- oder Scotch-Sirup mit Butter: 1 EL Butter in den noch heißen Rum- oder Scotch-Sirup rühren. Warm verwenden.

Rum-Ingwer-Sirup: Die Zuckerlösung mit 4 EL geschältem und klein geschnittenem Ingwer zum Köcheln bringen. Weiter nach Rezept zubereiten. 1 EL Butter in den heißen Sirup geben. Vor Gebrauch durch ein Sieb geben und warm verwenden.

COLASIRUP

GF • V ERGIBT 250 ML

125 g Zucker

125 ml Cola (nicht light)

1 Prise Muskatnuss

1 Prise Salz

Zucker, Cola, Muskatnuss und Salz in einem kleinen Topf erhitzen und bei mittlerer Hitze köcheln lassen. Rühren, bis sich der Zucker auflöst. Von der Kochstelle nehmen und abgedeckt abkühlen lassen. Warm oder zimmerwarm verwenden.

Der Colasirup hält sich luftdicht verschlossen im Kühlschrank etwa 1 Woche. Vor dem Gebrauch in einem kleinen Topf bei schwacher Hitze erwärmen.

VARIANTEN

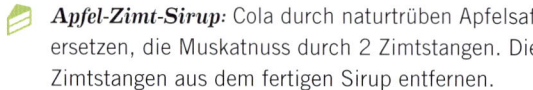 *Apfel-Zimt-Sirup:* Cola durch naturtrüben Apfelsaft ersetzen, die Muskatnuss durch 2 Zimtstangen. Die Zimtstangen aus dem fertigen Sirup entfernen.

 *Cider-Sirup:* Cola durch naturtrüben Cider ersetzen. Die Muskatnuss weglassen.

 *Kaffeesirup:* Cola durch frisch gebrühten Kaffee ersetzen. Die Muskatnuss weglassen.

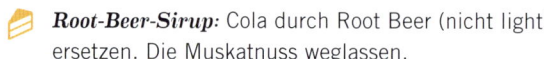 *Root-Beer-Sirup:* Cola durch Root Beer (nicht light) ersetzen. Die Muskatnuss weglassen.

 *Kaffeesirup mit Zimt:* Cola durch frisch gebrühten Kaffee ersetzen, die Muskatnuss durch 2 Zimtstangen. Die Zimtstangen aus dem fertigen Sirup entfernen.

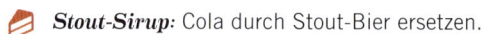 *Stout-Sirup:* Cola durch Stout-Bier ersetzen.

ROSMARINSIRUP

GF • V ERGIBT 250 ML

125 g Zucker

125 ml Wasser

4 Zweige frischer Rosmarin

1 Prise Salz

½ TL Vanilleextrakt

Zucker, Wasser, Rosmarin und Salz in einem kleinen Topf erhitzen und bei mittlerer Hitze köcheln lassen. Rühren, bis sich der Zucker auflöst. Anschließend Vanilleextrakt unterrühren. Von der Kochstelle nehmen und abgedeckt mindestens 20 Minuten abkühlen lassen. Den Rosmarin aus dem fertigen Sirup entfernen (und ggf. zum Kandieren verwenden, siehe unten). Den Sirup warm oder zimmerwarm verwenden.

Der Rosmarinsirup hält sich luftdicht verschlossen im Kühlschrank etwa 1 Woche. Vor dem Gebrauch in einem kleinen Topf bei schwacher Hitze erwärmen.

VARIANTEN

 Basilikumsirup: Den Rosmarin durch 4 Stängel frisches Basilikum ersetzen.

Minzsirup: Den Rosmarin durch 4 Stängel frische Pfefferminze ersetzen.

 Thymiansirup: Den Rosmarin durch 6–8 Stängel frischen Thymian ersetzen.

Kandierter Rosmarin — FÜR 2 KANDIERTE ROSMARINZWEIGE

Die Rosmarinzweige aus dem Sirup lassen sich prima zum Kandieren verwenden. Dazu 2 Rosmarinzweige nach dem Kochen mit 2 EL Zucker bestreuen. Zum Trocknen auf Backpapier legen.

GEWÜRZSIRUP

GF • V ERGIBT 250 ML

125 g Zucker

125 ml Wasser

2 Zimtstangen

4 Gewürznelken

1 Prise Muskatnuss

1 Prise Salz

½ TL Vanilleextrakt

Zucker, Wasser, Zimtstangen, Gewürznelken, Muskatnuss und Salz in einem kleinen Topf erhitzen und bei mittlerer Hitze köcheln lassen. Rühren, bis sich der Zucker auflöst. Anschließend Vanilleextrakt einrühren. Von der Kochstelle nehmen und abgedeckt mindestens 20 Minuten abkühlen lassen. Die Zimtstangen und Nelken entfernen. Warm oder zimmerwarm verwenden.

Der Gewürzsirup hält sich luftdicht verschlossen im Kühlschrank etwa 1 Woche. Vor dem Gebrauch in einem kleinen Topf bei schwacher Hitze erwärmen.

VARIANTEN

Aprikosen-Kardamom-Sirup: Zimtstangen, Nelken und Muskatnuss durch 8 halbe Kardamomkapseln ersetzen. 2 EL Aprikosenkonfitüre zusammen mit dem Vanilleextrakt unterrühren. Den fertigen Sirup entfernen.

Kardamomsirup: Zimtstangen, Nelken und Muskatnuss durch 8 halbe Kardamomkapseln ersetzen. Die Kardamomkapseln aus dem fertigen Sirup durch ein Sieb streichen.

Zimtsirup: Den Sirup mit 4 statt 2 Zimtstangen zubereiten. Nelken und Muskatnuss weglassen. Die Zimtstangen aus dem fertigen Sirup entfernen.

Zimt-Ingwer-Sirup: Den Sirup mit 4 statt 2 Zimtstangen zubereiten. Nelken und Muskatnuss durch 50 g geschälten und klein geschnittenen Ingwer ersetzen. Zimtstangen und Ingwerstücke aus dem fertigen Sirup entfernen.

Ingwersirup: Die Zimtstangen, Nelken und Muskatnuss durch 50 g geschälten und klein geschnittenen Ingwer ersetzen. Die Ingwerstücke aus dem fertigen Sirup entfernen.

Ahornsirup mit Gewürzen: 2 EL Ahornsirup mit dem Vanilleextrakt unterrühren.

Rotweinsirup mit Gewürzen: Das Wasser durch Rotwein ersetzen.

Chilisirup: Den Sirup mit 4 statt 2 Zimtstangen zubereiten. Nelken und Muskatnuss durch 2 getrocknete ganze Chilischoten ersetzen. Zimtstangen und Chilischoten aus dem fertigen Sirup entfernen.

TEESIRUP

GF • V   ERGIBT 250 ML

125 g Zucker

125 ml Wasser

1 Prise Salz

2 Teebeutel schwarzer Tee

Zucker, Wasser und Salz in einem kleinen Topf erhitzen und bei mittlerer Hitze köcheln lassen. Rühren, bis sich der Zucker auflöst. Anschließend die Teebeutel zugeben. Von der Kochstelle nehmen und abgedeckt mindestens 20 Minuten abkühlen lassen. Die Teebeutel aus dem fertigen Sirup entfernen. Warm oder zimmerwarm verwenden.

Der Teesirup hält sich luftdicht verschlossen im Kühlschrank etwa 1 Woche. Vor dem Gebrauch in einem kleinen Topf bei schwacher Hitze erwärmen.

LIMONENSIRUP

GF • V   ERGIBT 250 ML

125 g Zucker

125 ml Limonensaft, frisch gepresst

1 Prise Salz

Zucker, Limonensaft und Salz in einem kleinen Topf erhitzen und bei mittlerer Hitze köcheln lassen. Rühren, bis sich der Zucker auflöst. Von der Kochstelle nehmen und abgedeckt abkühlen lassen. Warm oder zimmerwarm verwenden.

Der Limonensirup hält sich luftdicht verschlossen im Kühlschrank etwa 1 Woche. Vor dem Gebrauch in einem kleinen Topf bei schwacher Hitze erwärmen.

VARIANTEN

 Zitronensirup: Den Limonensaft durch frisch gepressten Zitronensaft ersetzen.

 Orangensirup: Den Limonensaft durch frisch gepressten Orangensaft ersetzen.

KOKOSSIRUP

GF • V ERGIBT 250 ML

125 g Zucker

125 ml Kokosmilch

4 EL Kokosraspeln, ungesüßt

1 Prise Salz

½ TL Kokosnuss-Creme

Zucker, Kokosmilch, Kokosraspeln und Salz in einem kleinen Topf erhitzen und bei mittlerer Hitze köcheln lassen. Rühren, bis sich der Zucker auflöst. Von der Kochstelle nehmen und die Kokosnuss-Creme einrühren. Abgedeckt mindesten 20 Minuten ziehen lassen. Die Kokosraspeln aus dem fertigen Sirup entfernen. Warm oder zimmerwarm verwenden.

Der Kokossirup hält sich luftdicht verschlossen im Kühlschrank etwa 1 Woche. Vor dem Gebrauch in einem kleinen Topf bei schwacher Hitze erwärmen.

TIPP: Kokosnuss-Creme (100 % Kokosnuss), auch Kokosnuss-Extrakt genannt, finden Sie in gut sortierten Asialäden.

BACON-SIRUP

GF ERGIBT 250 ML

4 Scheiben roher Bacon

125 g Zucker

125 ml Wasser

½ TL Vanilleextrakt

Den Bacon in einer großen Pfanne bei mittlerer Hitze ohne Fett anbraten. Auf Küchenkrepp abtropfen lassen. 1 TL Fett aus der Pfanne beiseitestellen. Den Bacon abkühlen lassen und zerbröseln.

Zucker, Wasser und Bacon-Brösel in einem kleinen Topf erhitzen und bei mittlerer Hitze köcheln lassen. Rühren, bis sich der Zucker auflöst. Dann Vanilleextrakt und Fett unterrühren. Von der Kochstelle nehmen und abgedeckt mindestens 20 Minuten ziehen lassen. Die Bacon-Brösel aus dem fertigen Sirup entfernen (und ggf. zum Kandieren verwenden, siehe unten). Den Sirup warm verwenden.

Der Bacon-Sirup hält sich luftdicht verschlossen im Kühlschrank etwa 1 Woche. Vor dem Gebrauch in einem kleinen Topf bei schwacher Hitze erwärmen.

VARIANTE

 Bacon-Ahorn-Sirup: 2 EL Ahornsirup mit dem Vanilleextrakt einrühren.

Kandierter Bacon ERGIBT CA. 4 EL

Der Bacon aus dem Sirup lässt sich prima kandieren.

1 **Den Ofen auf 180 °C vorheizen.** Ein großes Backblech mit Backpapier auslegen.

2 **Die Bacon-Brösel trocken tupfen** und Sirup-Reste entfernen. Auf das Backblech legen.

3 **Im Ofen knusprig backen.** Das dauert etwa 10 Minuten. Komplett auskühlen lassen. Die kandierten Bacon-Stücke schmecken frisch gemacht am besten, halten sich aber in einem wiederverschließbaren Plastikbeutel oder einem luftdicht verschlossenen Behälter bei Zimmertemperatur bis zu 3 Tage.

NUSS-NOUGAT-FROSTING

GF

350 g Butter, zimmerwarm

8 EL Nuss-Nougat-Creme

1 Prise Salz

550 g Puderzucker

1 TL Vanilleextrakt

ggf. Nuss-Nougat-Creme zum Marmorieren (Seite 137)

Butter, Nuss-Nougat-Creme, Salz und 275 g Puderzucker in einer großen Schüssel mit dem Handrührgerät auf niedriger Stufe ca. 1 Minute cremig rühren. Den restlichen Puderzucker hinzufügen und auf mittlerer Stufe ca. 2 Minuten weiterrühren, bis die Creme hell und nicht mehr körnig ist. Vanilleextrakt hinzufügen und die Masse ca. 2 Minuten schaumig schlagen.

Das Nuss-Nougat-Frosting hält sich luftdicht verschlossen ca. 1 Woche im Kühlschrank. Vor dem Gebrauch auf Zimmertemperatur erwärmen und noch einmal aufschlagen.

VARIANTEN

 Veganes Schoko-Nuss-Frosting: Die Butter durch 350 g ungehärtetes Pflanzenfett ersetzen. Die Nuss-Nougat-Creme durch 5 EL Erdnusscreme (oder anderes Nussmus) und 1 EL ungesüßten Kakao ersetzen.

 Nuss-Nougat-Glasur für Napfkuchen: 175 g Butter, 4 EL Nuss-Nougat-Creme, 1 Prise Salz und 275 g Puderzucker in einem kleinen Topf vermischen, aufkochen und etwa 1 Minute ohne Rühren köcheln lassen. Von der Kochstelle nehmen und ½ TL Vanilleextrakt unterrühren.

 Nuss-Nougat-Frosting für Blechkuchen: Das Rezept mit 175 g zimmerwarmer Butter, 4 EL Nuss-Nougat-Creme, 1 Prise Salz, 275 g Puderzucker und ½ TL Vanilleextrakt zubereiten.

MALZ-VANILLE-FROSTING

350 g Butter, zimmerwarm

100 g Malzmilchpulver (Seite 125)

1 Prise Salz

550 g Puderzucker

2 EL Vanilleextrakt

Butter, Malzmilchpulver, Salz und 275 g Puderzucker in einer großen Schüssel mit dem Handrührgerät auf niedriger Stufe ca. 1 Minute cremig rühren. Den restlichen Puderzucker hinzufügen und auf mittlerer Stufe ca. 2 Minuten weiterrühren, bis die Creme hell und nicht mehr körnig ist. Vanilleextrakt hinzufügen und die Masse ca. 2 Minuten schaumig schlagen.

Das Malz-Vanille-Frosting hält sich luftdicht verschlossen ca. 1 Woche im Kühlschrank. Vor dem Gebrauch auf Zimmertemperatur erwärmen und noch einmal aufschlagen.

VARIANTEN

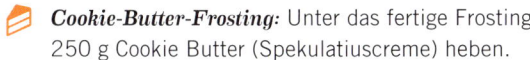 ***Cookie-Butter-Frosting:*** Unter das fertige Frosting 250 g Cookie Butter (Spekulatiuscreme) heben.

Glutenfreies Vanille-Frosting: Das Malzmilchpulver weglassen.

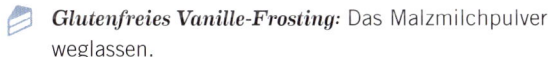 ***Veganes Vanille-Frosting:*** Anstatt der Butter 350 g ungehärtetes Pflanzenfett verwenden. Das Malzmilchpulver weglassen.

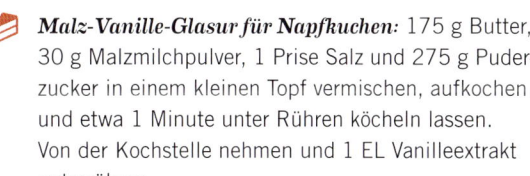 ***Malz-Vanille-Glasur für Napfkuchen:*** 175 g Butter, 30 g Malzmilchpulver, 1 Prise Salz und 275 g Puderzucker in einem kleinen Topf vermischen, aufkochen und etwa 1 Minute unter Rühren köcheln lassen. Von der Kochstelle nehmen und 1 EL Vanilleextrakt unterrühren.

Malz-Vanille-Frosting für Blechkuchen: Das Rezept mit 175 g zimmerwarmer Butter, 30 g Malzmilchpulver, 1 Prise Salz, 275 g Puderzucker und 1 EL Vanilleextrakt zubereiten.

FRISCHKÄSE-FROSTING

GF

250 g Butter, zimmerwarm

90 g Frischkäse, zimmerwarm

1 Prise Salz

550 g Puderzucker

½ TL Vanilleextrakt

Butter, Frischkäse, Salz und 275 g Puderzucker in einer großen Schüssel mit dem Handrührgerät auf niedriger Stufe ca. 1 Minute cremig rühren. Den restlichen Puderzucker hinzufügen und auf mittlerer Stufe ca. 2 Minuten weiterrühren, bis die Mischung hell und nicht mehr körnig ist. Vanilleextrakt hinzufügen und die Masse ca. 2 Minuten schaumig schlagen.

Das Frischkäse-Frosting hält sich luftdicht verschlossen ca. 1 Woche im Kühlschrank. Vor dem Gebrauch auf Zimmertemperatur erwärmen und noch einmal aufschlagen.

VARIANTEN

 Veganes Frischkäse-Frosting: Anstatt der Butter 350 g ungehärtetes Pflanzenfett verwenden. Den Frischkäse durch 100 g zimmerwarmen veganen Frischkäse auf Tofubasis ersetzen.

 Frischkäse-Glasur für Napfkuchen: 125 g Butter, 1 Prise Salz und 275 g Puderzucker in einem Topf vermischen, aufkochen und ca. 1 Minuten ohne Rühren köcheln lassen. Von der Kochstelle nehmen, 30 g zimmerwarmen Frischkäse löffelweise hinzufügen und glattrühren.

 Frischkäse-Frosting für Blechkuchen: Das Rezept mit 125 g zimmerwarmer Butter, 1 Prise Salz, 275 g Puderzucker und 30 g zimmerwarmem Frischkäse zubereiten.

SALZKARAMELL-FROSTING

GF

350 g Butter, zimmerwarm

8 EL Salzkaramell (Seite 172)

½ TL Kosher-Salz (alternativ
Salzflocken)

550 g Puderzucker

2 TL Vanilleextrakt

Butter, Karamell, Salz und 275 g Puderzucker in einer großen Schüssel mit dem Handrührgerät auf niedriger Stufe ca. 1 Minute cremig rühren. Den restlichen Puderzucker hinzufügen und auf mittlerer Stufe ca. 2 Minuten weiterrühren, bis die Creme hell und nicht mehr körnig ist. Vanilleextrakt hinzufügen und die Masse ca. 2 Minuten schaumig schlagen.

Das Salzkaramell-Frosting hält sich luftdicht verschlossen ca. 1 Woche im Kühlschrank. Vor dem Gebrauch auf Zimmertemperatur erwärmen und noch einmal aufschlagen.

VARIANTEN

 Veganes Salzkaramell-Frosting: Anstatt der Butter 350 g ungehärtetes Pflanzenfett verwenden. Salzkaramell durch veganen Salzkaramell (Seite 172) ersetzen.

 Salzkaramell-Glasur für Napfkuchen: 175 g Butter, 4 EL Salzkaramell, ¼ TL Kosher-Salz und 275 g Puderzucker in einem Topf vermischen, aufkochen und etwa 1 Minute ohne Rühren köcheln lassen. Von der Kochstelle nehmen und 1 TL Vanilleextrakt unterrühren.

 Salzkaramell-Frosting für Blechkuchen: Das Rezept mit 175 g zimmerwarmer Butter, 4 EL Salzkaramell, ¼ TL Kosher-Salz, 275 g Puderzucker und 1 TL Vanilleextrakt zubereiten.

ZARTBITTER-SCHOKOLADEN-FROSTING

350 g Butter, zimmerwarm

2 EL Kakao, ungesüßt

1 Prise Salz

550 g Puderzucker

110 g Zartbitterschokolade, geschmolzen und abgekühlt (Seite 126)

Butter, Kakao, Salz und 275 g Puderzucker in einer großen Schüssel mit dem Handrührgerät auf niedriger Stufe ca. 1 Minute cremig rühren. Den restlichen Puderzucker hinzufügen und auf mittlerer Stufe ca. 2 Minuten weiterrühren, bis die Creme hell und nicht mehr körnig ist. Die geschmolzene Schokolade in dünnem Strahl einrühren und die Masse ca. 2 Minuten schaumig schlagen.

Das Zartbitterschokoladen-Frosting hält sich luftdicht verschlossen ca. 1 Woche im Kühlschrank. Vor dem Gebrauch auf Zimmertemperatur erwärmen und noch einmal aufschlagen.

VARIANTEN

 Glutenfreies Zartbitterschokoladen-Frosting: Glutenfreie Zartbitterschokolade verwenden.

 Veganes Zartbitterschokoladen-Frosting: Die Butter durch 350 g ungehärtetes Pflanzenfett und milchfreie Zartbitterschokolade ersetzen.

 Zartbitterschokoladen-Glasur für Napfkuchen: 175 g Butter, 1 EL ungesüßter Kakao, 1 Prise Salz und 275 g Puderzucker in einem Topf vermischen,

aufkochen und etwa 1 Minute ohne Rühren köcheln lassen. Von der Kochstelle nehmen, 55 g Zartbitterschokolade in Stücke brechen und zugeben. Umrühren, bis die Schokolade geschmolzen ist.

 Zartbitterschokoladen-Frosting für Blechkuchen: Das Rezept mit 175 g zimmerwarmer Butter, 1 EL ungesüßtem Kakao, 1 Prise Salz, 275 g Puderzucker und 55 g Zartbitterschokolade, geschmolzen und abgekühlt, zubereiten.

ZITRONEN-PUDDING-FROSTING

GF

350 g Butter, zimmerwarm

8 EL Zitronenpudding (Seite 173)

1 Prise Salz

550 g Puderzucker

Butter, Zitronenpudding, Salz und 275 g Puderzucker in einer großen Schüssel mit dem Handrührgerät auf niedriger Stufe ca. 1 Minute cremig rühren. Den restlichen Puderzucker hinzufügen und auf mittlerer Stufe ca. 4 Minuten weiterrühren, bis die Creme hell und nicht mehr körnig ist.

Das Zitronenpudding-Frosting hält sich luftdicht verschlossen ca. 1 Woche im Kühlschrank. Vor dem Gebrauch auf Zimmertemperatur erwärmen und noch einmal aufschlagen.

HINWEIS: Dieses Frosting wird mit dem selbstgemachten Zitronenpudding von Seite 173 unwiderstehlich. Wenn Sie jedoch wenig Zeit haben, können Sie auch dieselbe Menge Lemon Curd verwenden (in gut sortierten Supermärkten im Marmeladenregal erhältlich).

VARIANTEN

 Veganes Frischkäse-Frosting: Anstatt der Butter 350 g ungehärtetes Pflanzenfett verwenden. Den Pudding durch 70 g zimmerwarmen veganen Frischkäse auf Tofubasis, 1 EL abgeriebene Zitronenschale und 1 TL Vanilleextrakt ersetzen.

 Zitronenpudding-Glasur für Napfkuchen: 125 g Butter, 1 Prise Salz und 275 g Puderzucker in einem Topf vermischen, aufkochen und ca. 1 Minuten ohne Rühren köcheln lassen. Von der Kochstelle nehmen, 4 EL Zitronenpudding (Seite 173) hinzufügen und glattrühren.

 Zitronenpudding-Frosting für Blechkuchen: Das Rezept mit 125 g zimmerwarmer Butter, 1 Prise Salz, 275 g Puderzucker und 4 EL Zitronenpudding (Seite 173) zubereiten.

HONIG-FROSTING

GF

350 g Butter, zimmerwarm

8 EL Honigkaramell (Seite 173)

1 Prise Salz

550 g Puderzucker

1 TL Vanilleextrakt

ggf. Honigkaramell zum Marmorieren
  (Seite 137)

Butter, Karamell, Salz und 275 g Puderzucker in einer großen Schüssel mit dem Handrührgerät auf niedriger Stufe ca. 1 Minute cremig rühren. Den restlichen Puderzucker hinzufügen und auf mittlerer Stufe ca. 2 Minuten weiterrühren, bis die Creme hell und nicht mehr körnig ist. Vanilleextrakt hinzufügen und die Masse ca. 2 Minuten schaumig schlagen.

Das Honig-Frosting hält sich luftdicht verschlossen ca. 1 Woche im Kühlschrank. Vor dem Gebrauch auf Zimmertemperatur erwärmen und noch einmal aufschlagen.

VARIANTEN

 *Veganes Honig-Frosting:* Anstatt der Butter 350 g ungehärtetes Pflanzenfett verwenden. Das Honigkaramell durch veganes Honigkaramell (Seite 173) ersetzen.

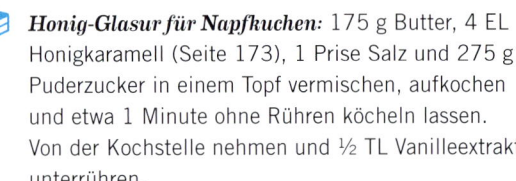 *Honig-Glasur für Napfkuchen:* 175 g Butter, 4 EL Honigkaramell (Seite 173), 1 Prise Salz und 275 g Puderzucker in einem Topf vermischen, aufkochen und etwa 1 Minute ohne Rühren köcheln lassen. Von der Kochstelle nehmen und ½ TL Vanilleextrakt unterrühren.

Honig-Frosting für Blechkuchen: Das Rezept mit 175 g zimmerwarmer Butter, 4 EL Honigkaramell (Seite 173), 1 Prise Salz, 275 g Puderzucker und ½ TL Vanilleextrakt zubereiten.

MALZ-SCHOKO-FROSTING

350 g Butter, zimmerwarm

100 g Malzmilchpulver (Seite 126)

1 Prise Salz

550 g Puderzucker

1 EL Vanilleextrakt

110 g Zartbitterschokolade, geschmolzen und abgekühlt (Seite 125)

Butter, Malzmilchpulver, Salz und 275 g Puderzucker in einer großen Schüssel mit dem Handrührgerät auf niedriger Stufe ca. 1 Minute cremig rühren. Den restlichen Puderzucker hinzufügen und auf mittlerer Stufe ca. 2 Minuten weiterrühren, bis die Creme hell und nicht mehr körnig ist. Vanilleextrakt hinzufügen und die Masse ca. 2 Minuten schaumig schlagen.

Das Malz-Schoko-Frosting hält sich luftdicht verschlossen ca. 1 Woche im Kühlschrank. Vor dem Gebrauch auf Zimmertemperatur erwärmen und noch einmal aufschlagen.

VARIANTEN

 Glutenfreies Vanille-Frosting: Das Malzmilchpulver weglassen und glutenfreie Zartbitterschokolade verwenden.

 Veganes Vanille-Frosting: Anstatt der Butter 350 g ungehärtetes Pflanzenfett verwenden. Das Malzmilchpulver weglassen und milchfreie Zartbitterschokolade verwenden.

 Malz-Schoko-Glasur für Napfkuchen: 175 g Butter, 30 g Malzmilchpulver, 1 Prise Salz und 275 g Puderzucker in einem Topf vermischen, aufkochen und etwa 1 Minute unter Rühren köcheln lassen. Von der Kochstelle nehmen, 55 g Zartbitterschokolade in Stücke brechen (alternativ 4 EL Zartbitter-Schokotropfen) und zugeben. Umrühren, bis die Schokolade geschmolzen ist.

 Malz-Schoko-Frosting für Blechkuchen: Das Rezept mit 175 g zimmerwarmer Butter, 30 g Malzmilchpulver, 1 Prise Salz, 275 g Puderzucker und 55 g Zartbitterschokolade, geschmolzen und abgekühlt, zubereiten.

ERDBEER-FROSTING

GF

250 g Butter, zimmerwarm

90 g Frischkäse, zimmerwarm

4 EL karamellisierte Erdbeerkonfitüre (Seite 171)

1 Prise Salz

550 g Puderzucker

½ TL Vanilleextrakt

Butter, Frischkäse, Konfitüre, Salz und 275 g Puderzucker in einer großen Schüssel mit dem Handrührgerät auf niedriger Stufe ca. 1 Minute cremig rühren. Den restlichen Puderzucker hinzufügen und auf mittlerer Stufe ca. 2 Minuten weiterrühren, bis die Mischung hell und nicht mehr körnig ist. Vanilleextrakt hinzufügen und die Masse ca. 2 Minuten schaumig schlagen.

Das Erdbeer-Frosting hält sich luftdicht verschlossen ca. 1 Woche im Kühlschrank. Vor dem Gebrauch auf Zimmertemperatur erwärmen und noch einmal aufschlagen.

VARIANTEN

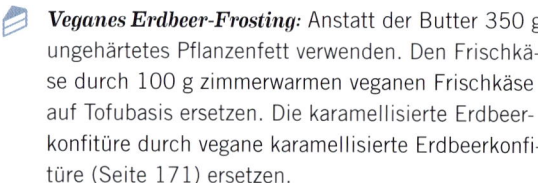 **Veganes Erdbeer-Frosting:** Anstatt der Butter 350 g ungehärtetes Pflanzenfett verwenden. Den Frischkäse durch 100 g zimmerwarmen veganen Frischkäse auf Tofubasis ersetzen. Die karamellisierte Erdbeerkonfitüre durch vegane karamellisierte Erdbeerkonfitüre (Seite 171) ersetzen.

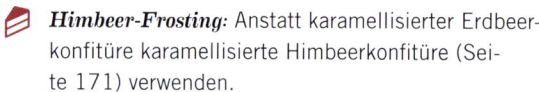 **Himbeer-Frosting:** Anstatt karamellisierter Erdbeerkonfitüre karamellisierte Himbeerkonfitüre (Seite 171) verwenden.

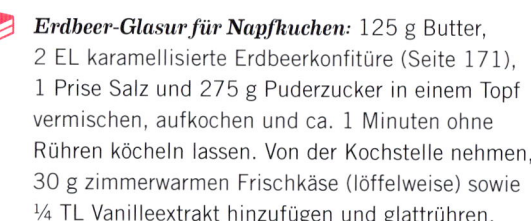 **Erdbeer-Glasur für Napfkuchen:** 125 g Butter, 2 EL karamellisierte Erdbeerkonfitüre (Seite 171), 1 Prise Salz und 275 g Puderzucker in einem Topf vermischen, aufkochen und ca. 1 Minuten ohne Rühren köcheln lassen. Von der Kochstelle nehmen, 30 g zimmerwarmen Frischkäse (löffelweise) sowie ¼ TL Vanilleextrakt hinzufügen und glattrühren.

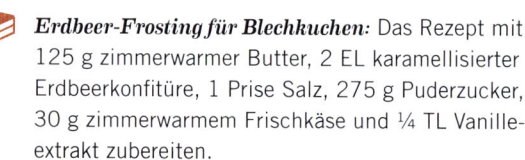 **Erdbeer-Frosting für Blechkuchen:** Das Rezept mit 125 g zimmerwarmer Butter, 2 EL karamellisierter Erdbeerkonfitüre, 1 Prise Salz, 275 g Puderzucker, 30 g zimmerwarmem Frischkäse und ¼ TL Vanilleextrakt zubereiten.

DIE TOPPINGS

KARAMELLISIERTE ERDBEERKONFITÜRE

GF ERGIBT 125 ML

8 EL Erdbeerkonfitüre ohne Kerne
   oder Erdbeergelee

2 EL Butter

Konfitüre und Butter in einem kleinen Topf bei mittlerer Hitze aufkochen und 1 Minute ohne Rühren köcheln lassen. Von der Kochstelle nehmen und unter gelegentlichem Umrühren komplett abkühlen lassen (die Konfitüre dickt dabei ein).

Die karamellisierte Erdbeerkonfitüre hält sich in einem luftdicht verschlossenen Behälter ca. 2 Wochen im Kühlschrank. Gekühlt oder zimmerwarm verwenden.

VARIANTEN

 Karamellisierte Himbeerkonfitüre: Anstatt Erdbeerkonfitüre Himbeerkonfitüre ohne Kerne oder Himbeergelee verwenden.

 Vegane karamellisierte Erdbeerkonfitüre: Anstatt Butter Kokosöl verwenden.

SALZKARAMELL

GF ERGIBT 250 ML

125 g Zucker

½ TL Kosher-Salz (alternativ
Salzflocken)

2 EL Butter

2 EL Vanilleextrakt

125 g Schlagsahne

1 Zucker und Salz in einem Topf mit dickem Boden mischen und bei mittlerer Hitze ohne Rühren etwa 2 Minuten erhitzen, bis sich der Zucker aufgelöst hat. Weiter etwa 5–8 Minuten erhitzen, dabei den Topf gelegentlich schwenken, bis der Karamell bernsteinfarben ist und nach gerösteten Nüssen duftet. Er darf nicht zu heiß werden.

2 Den Topf leicht neigen und Butter sowie Vanilleextrakt unterrühren. Die Schlagsahne langsam in dünnem Strahl dazugeben. Vorsicht – da die Mischung sehr heiß ist, kann es spritzen. Etwa 1 Minute rühren, bis sich die Sahne mit dem Rest vermischt hat.

3 Den Topf von der Kochstelle nehmen und den Karamell vollständig abkühlen lassen (er dickt dabei ein).

Salzkaramell hält sich in einem luftdicht verschlossenen Behälter im Kühlschrank etwa 2 Wochen. Gekühlt verwenden.

VARIANTE

 Veganer Salzkaramell: Anstatt Butter Kokosöl verwenden und die Schlagsahne durch Coconut Cream (alternativ Kokos-Schlagcreme) ersetzen.

HONIGKARAMELL

GF ERGIBT 250 ML

250 ml flüssiger Honig

3 EL kalte Butter

Honig und Butter in einem kleinen Topf vermischen und bei mittlerer Hitze zum Kochen bringen. 1 Minute ohne Rühren köcheln lassen. Von der Kochstelle nehmen und komplett abkühlen lassen, dabei gelegentlich umrühren (der Karamell dickt dabei ein).

Honigkaramell hält sich in einem luftdicht verschlossenen Behälter im Kühlschrank etwa 2 Wochen. Gekühlt verwenden.

VARIANTE

 Veganer Honigkaramell: Kokosöl anstatt Butter verwenden. Den Honig durch Agavendicksaft ersetzen.

ZITRONENPUDDING

GF ERGIBT 250 ML

1 EL abgeriebene Zitronenschale

125 g Zucker

2 EL Speisestärke

1 Prise Salz

6 Eigelb (Größe L)

125 ml frisch gepresster Zitronensaft

2 EL kalte Butter

1 TL Vanilleextrakt

Zitronenschale, Zucker, Speisestärke und Salz in einem Topf vermischen. Eigelb und Zitronensaft mit dem Schneebesen unterrühren und 10 Minuten unter ständigem Rühren bei kleiner bis mittlerer Hitze kochen, bis der Pudding dickflüssig und samtig ist. Von der Kochstelle nehmen, Butter und Vanilleextrakt zugeben und gut verrühren. Den Pudding vollständig auskühlen lassen (er dickt dabei ein).

Zitronenpudding hält sich in einem luftdicht verschlossenen Behälter im Kühlschrank etwa 2 Wochen. Gekühlt oder zimmerwarm verwenden.

GEDÜNSTETE ÄPFEL

GF

2 EL Butter

2 große, feste Äpfel (ca. 500 g), z. B.
Gala, ohne Kerngehäuse und in
1 cm dicke Scheiben geschnitten

1 EL Zucker

1 Prise Kosher-Salz (alternativ
Salzflocken)

1 TL frisch gepresster Zitronensaft

Die Butter in einer großen Pfanne bei mittlerer Hitze ca. 1 Minuten schmelzen, bis sie Blasen schlägt. Die Apfelscheiben nebeneinander in die Pfanne legen und mit Zucker und Salz bestreuen. 3 Minuten dünsten, bis die Äpfel weich und an den Rändern goldbraun sind, dabei einmal wenden. Den Zitronensaft zugeben und die Apfelscheiben darin schwenken. Vollständig abkühlen lassen.

VARIANTE

 Gedünstete Birnen: Anstatt der Äpfel feste Birnen verwenden.

Schälen oder nicht schälen?

Bei einigen Rezepten werden gedünstete Früchte als Füllung oder Topping oder beides verwendet. Sie können die Früchte nach Wunsch schälen oder ungeschält lassen. Beides ist möglich.

Äpfel oder Birnen schälen Sie einfach mit einem Gemüseschäler. Steinfrüchte wie Pfirsiche sollten Sie vor dem Schälen blanchieren. Dazu einfach die Pfirsiche auf der Unterseite kreuzförmig einschneiden und etwa 30 Sekunden lang in kochendes Wasser geben. Mit einem Schaumlöffel herausholen und sofort für 30 Sekunden in Eiswasser legen. Herausnehmen und die Schale abziehen.

KARAMELLISIERTE BANANEN

GF

1 große Banane (ca. 250 g), geschält

1 EL zerlassene Butter

1 EL Zucker

1 Den Backofengrill auf 230 °C vorheizen. Die Banane in der Mitte durchschneiden und die beiden Hälften jeweils noch einmal längs halbieren.

2 Die Bananenviertel mit der Schnittseite nach oben in eine feuerfeste Form legen. Die Oberseiten mit Butter bestreichen und mit Zucker bestreuen. Die Bananen auf höchster Einschubleiste etwa 2–5 Minuten im Backofen grillen, bis sie gebräunt sind und sich kleine Blasen bilden. Vollständig abkühlen lassen.

VARIANTEN

Karamellisierte Mango: Anstatt der Banane 1 Mango schälen, den Kern entfernen und in Streifen schneiden. In eine feuerfeste Form legen, mit Butter bestreichen, mit Zucker bestreuen und wie im Rezept beschrieben zubereiten.

Karamellisierte Trauben: 375 g grüne oder rote Trauben mit der zerlassenen Butter bestreichen und mit Zucker bestreuen. In eine feuerfeste Form legen und wie im Rezept beschrieben zubereiten.

Karamellisierte Grapefruit: 1 große Grapefruit schälen und in Scheiben schneiden. In die feuerfeste Form legen und wie im Rezept beschrieben zubereiten.

GERÖSTETE KOKOSRASPEL

GF • V

200 g Kokosraspel oder -flocken,
gesüßt oder ungesüßt

1 Den Backofen auf 180 °C vorheizen. Ein Backblech mit Backpapier auslegen.

2 Die Kokosraspel oder -flocken in einer gleichmäßig dünnen Schicht auf dem Backpapier ausbreiten und 5 Minuten rösten, bis sie an den Rändern leicht gebräunt sind. Mit einem Pfannenwender wenden und weitere 5 Minuten rösten, dabei regelmäßig wenden, bis die Kokosraspel oder -flocken goldbraun sind und gut duften. Auf dem Backblech auskühlen lassen.

Geröstete Kokosraspel halten sich in einem luftdicht verschlossenen Behälter bei Zimmertemperatur bis zu 1 Monat.

VARIANTE

 Geröstete Nüsse: Anstatt Kokosraspel gehackte oder ganze Pekannüsse, Pistazien, Haselnüsse, Mandeln, Walnüsse oder ganze Pinienkerne verwenden und im Backofen je nach Sorte 8–12 Minuten rösten.

GERÖSTETE MARSHMALLOWS

125 g Mini-Marshmallows

1 Ein Backblech mit Backpapier auslegen. Die Marshmallows auf dem Backblech verteilen und etwa 10 Minuten im Gefrierfach steif frieren lassen.

2 Den Backofengrill auf 230 °C vorheizen. Die Marshmallows auf der oberen Einschubleiste 1–2 Minuten goldbraun rösten, dabei das Blech gelegentlich rütteln. Die Marshmallows mit einem Pfannenwender aus Metall vom Blech nehmen und sofort verwenden.

WALNÜSSE IN SIRUP

GF

125 g Walnüsse, grob gehackt und nach Wunsch geröstet (Seite 176)

125 ml Ahornsirup

125 ml heller Agavendicksaft

1 Prise Zimt

1 Prise Salz

60 g kalte Butter

Walnüsse, Ahornsirup, Agavendicksaft, Zimt, Salz und Butter in einem Topf vermischen und bei mittlerer Hitze aufkochen. 1 Minute ohne Rühren köcheln, bis die Nüsse weich sind und der Sirup leicht eingedickt ist. Vollständig abkühlen lassen.

Walnüsse in Sirup halten sich in einem luftdicht verschlossenen Behälter im Kühlschrank bis zu 2 Wochen. Vor Gebrauch auf Zimmertemperatur erwärmen lassen.

VARIANTEN

 Haselnüsse in Sirup: Anstatt Walnüssen Haselnüsse verwenden.

 Walnüsse in veganem Sirup: Anstatt Butter Kokosöl verwenden.

 Pekannüsse in Sirup: Anstatt Walnüssen grob gehackte Pekannüsse verwenden.

ZARTBITTER-SCHOKOLADEN-GLASUR

ERGIBT 250 ML

125 g Schlagsahne

2 EL heller Agavendicksaft

1 Prise Salz

125 g Zartbitterschokolade, gehackt

1 Schlagsahne, Agavendicksaft und Salz in einem Topf mit dickem Boden vermischen und aufkochen. 1 Minute ohne Rühren köcheln lassen.

2 Von der Kochstelle nehmen und die Schokolade hinzufügen. 5 Minuten ziehen lassen, dabei gelegentlich umrühren, bis die Schokolade geschmolzen und die Glasur etwas eingedickt ist.

3 Vollständig abkühlen lassen und anschließend als Dekoration über ein Frosting gießen.

Die Zartbitterschokoladen-Glasur hält sich in einem luftdicht verschlossenen Behälter im Kühlschrank bis zu 2 Wochen. Vor Gebrauch in ein feuerfestes Gefäß geben und in der Mikrowelle 3 Minuten langsam unter häufigem Rühren erwärmen, bis die Glasur flüssig ist.

VARIANTEN

 Glutenfreie Zartbitterschokoladen-Glasur: Glutenfreie Zartbitterschokolade verwenden.

 Vegane Zartbitterschokoladen-Glasur: Die Sahne durch dieselbe Menge Coconut Cream (alternativ Kokos-Schlagcreme) ersetzen und milchfreie Zartbitterschokolade verwenden.

Schokolade raspeln

Mit Schokolade lassen sich Kuchen in letzter Minute noch effektvoll verzieren. Für Schokoröllchen erwärmen Sie ein 3 x 5 cm großes Stück Schokolade für einige Sekunden auf niedrigster Stufe in der Mikrowelle, sodass es weich wird. Mit einem Gemüseschäler feine Röllchen von der Oberfläche schälen.

Für dickere Röllchen eine Tafel Schokolade wie oben beschrieben erwärmen und ein scharfes Messer über die Oberfläche ziehen. Sie können zimmerwarme Schokolade mit einer feinen Küchenreibe auch direkt über den Kuchen raspeln.

GRAHAM-CRACKER-STREUSEL

300 g Graham Cracker (alternativ Vollkorn-Butterkekse), fein zerbröselt

30 g Malzmilchpulver (Seite 125)

2 EL Zucker

½ TL Kosher-Salz (alternativ Salzflocken)

90 g zerlassene Butter

1 Den Backofen auf 150 °C vorheizen. Ein Backblech mit Backpapier auslegen.

2 Kekskrümel, Malzmilchpulver, Zucker und Salz in einer großen Schüssel vermischen. Die zerlassene Butter zugeben und zu Streuseln kneten.

3 Die Streusel auf dem Backblech ausbreiten und im Backofen 10–15 Minuten goldbraun backen. Vollständig auskühlen lassen.

Graham-Cracker-Streusel halten sich in einem luftdicht verschlossenen Behälter bei Zimmertemperatur bis zu 3 Tage.

VARIANTEN

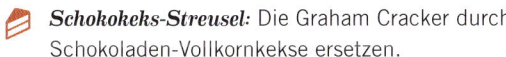 *Schokokeks-Streusel:* Die Graham Cracker durch Schokoladen-Vollkornkekse ersetzen.

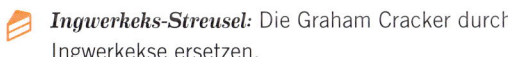 *Ingwerkeks-Streusel:* Die Graham Cracker durch Ingwerkekse ersetzen.

Löffelbiskuit-Streusel: Anstatt Graham Cracker dieselbe Menge Löffelbiskuits verwenden.

 *Haferflocken-Streusel:* 300 g Haferflocken grob mahlen und anstatt der Graham Cracker verwenden.

Shortbread-Streusel: 300 g Shortbread anstatt der Graham Cracker verwenden.

ZIMTZUCKER

GF • V

65 g Puderzucker

2 EL Zimt

Puderzucker und Zimt in einer kleinen Schüssel vermischen. In ein feines Sieb geben und den Kuchen damit bestäuben.

Zimtzucker können Sie vorbereiten. In einem luftdicht verschlossenen Behälter hält er sich bei Zimmertemperatur etwa 1 Monat. Vor Gebrauch noch mal durchmischen.

VARIATION

 Zimt-Schoko-Zucker: 2 EL ungesüßten Kakao mit dem Zimtzucker vermischen.

BASILIKUMZUCKER

GF • V

250 g Zucker

4 EL Basilikum, gehackt

1 Prise Salz

Die Zutaten in einen Mixer geben und fein zerkleinern, sodass der Zucker grün wird.

Basilikumzucker hält sich in einem luftdicht verschlossenen Behälter bei Zimmertemperatur etwa 3 Tage.

VARIANTEN

 Ingwerzucker: Das Basilikum durch 4 EL kandierten Ingwer ersetzen.

 Rosmarinzucker: Anstatt Basilikum 4 EL frische Rosmarinblätter verwenden.

 Grober Zimtzucker: Das Basilikum durch 1 klein gehackte Zimtstange ersetzen.

 Thymianzucker: Anstatt Basilikum 4 EL frische Thymianblätter verwenden.

SELBSTGEMACHTER VANILLEEXTRAKT

GF • V ERGIBT 500 ML

8 Vanilleschoten

500 ml Wodka oder Bourbon Whiskey

Die Vanilleschoten mit einem spitzen, scharfen Messer längs aufschneiden. In ein Glas mit Schraubverschluss oder eine Flasche geben und mit dem Wodka oder Whiskey auffüllen. Behälter verschließen und an einem kühlen, trockenen Ort mindestens 3 Monate ziehen lassen.

HINWEIS: Selbstgemachter Vanilleextrakt ist ein Geheimtipp, um einem Kuchen ein besonderes Aroma zu verleihen. Da Vanilleextrakt im Laden recht teuer ist, lohnt sich der geringe Aufwand, ihn selbst zuzubereiten. Außerdem können Sie auf diese Weise noch mehr Einfluss auf den Geschmack nehmen: Mit Wodka angesetzt schmeckt er stärker nach Vanille, Bourbon Whiskey gibt ihm ein etwas rauchigeres Aroma.

Vanille gehört zu den teuersten Gewürzen. Der Preis richtet sich nach der Herkunft und der Länge der Schoten. Für den Vanilleextrakt müssen Sie nicht die teuersten Vanilleschoten verwenden.

REGISTER